高高山頂立　深深海底行
gaogaosky.com

黑眼睛对着蓝眼睛

巴黎 17 年的逸思遄飞

祖 慰 著

作家出版社

图书在版编目（CIP）数据

黑眼睛对着蓝眼睛 / 祖慰著. –– 北京 : 作家出版
社，2017.1
ISBN 978-7-5063-9326-3

Ⅰ.①黑… Ⅱ.①祖… Ⅲ.①比较文化—中国、国外
Ⅳ.①G04

中国版本图书馆CIP数据核字（2017）第020530号

黑眼睛对着蓝眼睛

作　　者：祖慰
责任编辑：杨兵兵
装帧设计：北京高高国际文化传媒
出版发行：作家出版社
社　　址：北京农展馆南里10号　　邮　　编：100125
电话传真：86-10-65930756（出版发行部）
　　　　　86-10-65004079（总编室）
　　　　　86-10-65015116（邮购部）
E-mail:zuojia@zuojia.net.cn
http://www.haozuojia.com（作家在线）
印　　刷：北京文昌阁彩色印刷有限责任公司
成品尺寸：170×240
字　　数：230千
印　　张：20
版　　次：2017年4月第1版
印　　次：2017年4月第1次印刷
ISBN 978-7-5063-9326-3
定　　价：68.00元

人文的复活
　就是为了
拯救自己。

祖慰在法国巴黎

目 录

到罗素的书房去串门

"敢问如何是法门"

杨绛在一篇名为《读书苦乐》的散文中，对读书有一个神妙的比喻：读书，好比到作者那里去"隐身串门"。这种串门，无须预约，想去就去，去了就听作者高谈阔论（打开书），不想听就走（合上书），没有任何礼仪的约束，这是在读书以外不可能有的最任性的绝对个性自由。我刚旅居巴黎时，就这般绝对自由地跑到英国哲学家、数学家、诺贝尔文学奖得主罗素家的书房去串门了。

我可不是逍遥游，而是带着刚到巴黎的新鲜与困惑去的。

刚到巴黎，从鸡毛蒜皮的生活细节，到高卢民族的价值取向，有着应接不暇的新鲜，层出不穷的困惑。譬如，被称为美食之国、艺术之都的法国，其国民日常主食怎么会是很难看的像棍子一样的长面包？法国人不屑说英语，你用英语问路，他却用法语回答，会说的白领阶层也不说，为什么？为什么凡尔赛花园的树木与花圃要用人工修剪成各种几何图案呢？法国独创的"灵秀的雄壮"的巴黎埃菲尔铁塔为什么会在当初遭到莫泊桑等名士的反对？为什么法国哲学家说巴黎的时装杂志是制造神话的工厂，买时装的钱主要是花在买神话上了？按照中国"成者王侯败者寇"的观念，拿破仑最后是位含恨死在孤岛上的失败者，为何历代法国人把他当作大英雄来崇拜？等等问题，令我好奇丛生，恍兮惚兮。

我要是个旅游者倒好办，把这些稀里糊涂的稀罕弄出个押韵的"法国多少怪"回去戏说一通，也算没有白来一趟；可是我却宿命地要长期旅居在这里，这就非得求个甚解了。求甚解，谈何容易！面对着积淀了几千年的浩渺如海的异质文明，我像是大海里的一叶扁舟，绝对自由却绝对茫然。没有"GPS卫星导航"，彼岸在哪里？

在迷失的抑郁中忽想到苏轼的诗句："殷勤稽首维摩诘，敢问如何是法门？"对，我得去找找维摩诘菩萨求法门，装一个心灵导航系统"GPS"或"北斗星"。

于是，我去英国罗素的书房串门——读他1920年来中国讲学后于1922年出版的《中国问题》一书。

罗素果然是我的维摩诘菩萨！

罗素为了厘清中国问题，特意概括出了西方文明的三个源流作为参照系。他写道："西欧和美洲有着同样的精神生活，那种生活的渊源有三：（一）希腊文化；（二）犹太宗教及伦理；（三）现代工业

罗素为了厘清中国问题，特意概括出了西
方文明的三个源流作为参照系。

到罗素的书房去串门
进入浩瀚西方文化的高效"法门"

主义，而工业主义的本身是现代科学的产物。我们可用柏拉图、旧约全书和伽利略代表那三种文化渊源。——从希腊人那里我们获得了文学、艺术、哲学、纯数学，以及我们的社会观的更文雅的部分。从犹太人那里，我们得到了被友善地称为'信心'的信仰狂，道德热诚和罪恶观，宗教上的不容忍，以及我们民族主义的一部分。从被应用于工业主义上的科学我们得到权力和权力观；那种自视为神的信心；——我们也从科学里得到经验法，而一切真实的知识都是从经验法中获得的。"

把罗素的三个源流提纯出来——希腊文化、犹太宗教、现代科学造就的工业主义——这不就是我要进入西方文化的三个便捷、高效的法门吗？

好，就从这三个法门进去试试！

第一道法门——希腊文化

按照罗素的提示，这西方文明的第一道法门是由一连串拱门组成的。这些拱门的名称是：古希腊文学（主要是悲剧，也有喜剧）之门、艺术（最高成就是雕塑）之门、哲学（以苏格拉底、柏拉图、亚里士多德师生三代为代表的哲学）之门，还有一个最令人费解的"纯数学"之门。

哦，当真灵验，当我读了几本关于古希腊的书，进得门去（再看现实中的法国，再看欧美各国），立即获得了"解码"，不仅读出了西方文明中诸多其然，还读出了所以然来。

走进拿破仑三世建造的金碧辉煌的阶梯形巴黎歌剧院，一眼就辨出其"基因"是古希腊因地制宜依山而建的露天阶梯剧场，只是加了一个豪华的"罩"而已。民主制的古希腊剧场出于公民应平等观赏的理念，那时就在追求并有了天才的声学设计，即无论前排还是后排的观众所听到的声效是基本一样的。巴黎歌剧院沿袭下来的声学设计，不过是声音在室内条件下传播的均衡性更加精确罢了。对比我们千年来（从唐玄宗的梨园算起）的中国戏台（从乡野草台到皇宫戏台）是迥然不同的。中国戏台高于或站或坐的观众，在一个较小的空间里其声效无须特别设计而能求得前后差别不大。因此，我们就没有独立创立声学这门学科。再接着在巴黎歌剧院看上演的歌剧《卡门》，会发现从亚里士多德的《诗学》引申出来的戏剧三一律——同一时间、同一地点、同一事件——在这里一脉相承，这与中国戏曲的虚拟场景、地点即时转移的戏剧规则迥然相异。由此可见，只要通过古希腊文化的法门，便能便捷地抵达西方文明的某处堂奥。

再来到罗浮宫。三件镇馆之宝——断臂的维纳斯、无头的胜利女神、达·芬奇的《蒙娜丽莎》，前两件都是古希腊的雕塑，第三件《蒙娜丽莎》的写实主义美学也是秉承了古希腊亚里士多德的"模仿论"。有人说，西方哲学发展了2000多年，不管走多远，只要一回头就见到柏拉图；西方艺术又何尝不是如此？换一种说法，如果想进入西方艺术，只要从古希腊艺术的法门进入，你就不会迷失在数千年的西方艺术的迷宫里了。

那么，罗素说的古希腊的"纯数学"是什么意思呢？前面说了，凡尔赛花园里剪修成的几何形树木、花坛，就是古希腊数学家毕达哥拉斯"万物皆数"理论的感性显现。数，在古希腊成为哲学的本体论。柏拉图学院的大门口就写着"不懂几何学的人别进来"。中国的孔子办学以及后来各个朝代的书院从来没有提过对数学的要求。古代中国著名数学家商高发明过"勾股定律"，他在《九章算术》中写道："若勾三，股四，则弦五。"即直角三角形的两个直角边，一条是三，另一条是四，那么斜边一定是五。其实这不是数学定律而是经验公式。古希腊的毕达哥拉斯定律才是"纯数学"，他的定律是抽象出来的几何线条间的数的关系——$a^2+b^2=c^2$，与具体数无关。我还从"纯数学"联想到德国社会学家马克思·韦伯提出的一个设问：为什么西方发明了交响乐，而中国没有？他的回答是因为西方是基督教伦理，中国是儒家伦理所致。因为儒家伦理主张大一统，所以不会让音乐有多声部。我却从罗素提出的"纯数学"找到了另一个属于音乐本身的答案。古希腊人发明了多弦的竖琴，十个手指是完全解放的，在同一个时间里可以演奏一个音也可以演奏多个音。这就催化出毕达哥拉斯对于同时演奏两个音的和谐度的纯数学研究。他发现，两个音的弦长之比越单纯，听起来越和谐，反之亦然。正是毕达哥拉斯这个纯数学理论，才可能有后来的可以量化的音程、对位、复调、和弦直到交响乐的诞生。中国音乐则不然，乐器基本上是一次只能演奏一个音（即使多弦的古琴也是演奏连续的单音），没有毕达哥拉斯关于和谐度的数学研究的需求。中国古代音乐即使是千件乐器在一起演奏，都是同一个声部，所以才会有"滥竽充数"的成语。就音乐本身而言，中国不会出现多声部，不会出现和声与交响乐。这比韦伯的空洞的大一统伦理解释更本真些。

到这里，我算是真真切切感受到"古希腊是欧洲文明之母"了。

走进拿破仑三世建造的金碧辉煌的阶梯形
巴黎歌剧院，一眼就辨出其"基因"是古
希腊因地制宜依山而建的露天阶梯剧场，
只是加了一个豪华的"罩"而已。

到罗素的书房去串门

进入浩瀚西方文化的高效"法门"

有人说，西方哲学发展了 2000 多年，不
管走多远，只要一回头就见到柏拉图。

到罗素的书房去串门

进入浩瀚西方文化的高效"法门"

第二道法门——犹太宗教

一位台湾同胞神秘地告诉我，他的朋友拜佛时在佛前点了六支香，磕了三十六个响头并念念有词，之后就两眼直瞪着由香燃烧出来的袅袅飘动的烟雾，观察每一支香烟的飘动像哪个阿拉伯数字而——记下，然后将记下的六个数字去买六合彩，居然中了五千万台币的大奖！这就是中国人的宗教观：我烧香拜佛不过是一项投资，你佛菩萨不能白受，必须给我以回报，譬如保佑我升官发财或者保佑我全家健康平安，倘若兑现了，下次我会再花更多的香火钱以及供养三宝的功德钱来还愿。

西方文明中的宗教徒的虔诚也是与神做立竿见影的交易吗？

按罗素指点的法门，我读了犹太教圣经《旧约》，接着又读了由犹太教发展出来的基督教的圣经《新约》。信徒根本的宗旨是解决"原罪"问题，也就是要解决灵魂问题，以求能在"最后的审判"中不下地狱而升入天堂。这就是说，信仰者在此岸（现世）是解决伦理道德问题，求彼岸（死后）获得升入天堂的回报，而不是保佑马上中六合彩！

旅居在西方，到处可以看到多种风格的大教堂。任何城市的名胜景点一定离不开教堂。在现代主义建筑时兴之前，欧洲任何地方代表着最高成就的建筑一定是教堂。可是，法国人告诉我，由于基督教不宽容异教徒，有过残酷的历史记录，如八次十字军东征、三十年宗教战争、宗教裁判所烧死过几十万人等。文艺复兴作家薄伽丘与宗教改革家马丁·路德还揭露了教会的极端腐败……这使得读过历史的现代青年信教的人越来越少了。年轻人中的受洗者不会超过 10%。那么，这个源流是不是将要干涸而断流了呢？如果断流了，今天的西方文明或者是文化会不会缺损三分之一呢？

"不，不会断流，"有一天我在法国朋友宴请的餐桌上听主人如是说，"基督教的宗教伦理，例如上帝给予子民独立意志，又如上帝的子民在上帝面前人人平等，再如基督徒无条件地爱所有人包括自己的敌人，这三条已经转化成我们法国人的'公民宗教'教义——自由、平等、博爱——了。宗教义理转换生成为宗教文化，即成为法国人的生活方式的一部分。你观察不信教的法国青年，当他们得知非洲卢旺达发生了大屠杀，或者得知一场寒流袭来冻死了地铁里的流浪汉，大多数人无须政府的号召，更不要舆论树立什么榜样，都会自动地默默地各尽所能地去援助我们的同类。基督教的这些伦理已经内化为公民的不证自明的共同价值了。好像你们的儒教缺乏这份资源。"

不，有啊。我们儒家的核心伦理也是"仁者爱人"，这不与基督教一样吗？然而，细细一推敲还真的"道不同不相为谋"。儒家在批判墨子的"兼爱"时表示，"仁者爱人"并非博爱，爱的浓度是有等级差别的。血缘的近与远决定着下列爱的差等序列：父母等长辈↘兄弟姐妹↘同房亲属↘远方亲戚↘朋友（转换生成为情同手足的"虚拟兄弟"）↘一般关系的人。爱的浓度与血缘远近成正比。这就不同于基督教的"凡上帝子民享有同样的爱"。因此，儒家浓浓亲情的差等爱的伦理，别说不会孵化出法国的"自由平等博爱"，就是建构现代"在法律面前人人平等"的法治体系都有很强的排异性。

此外，由义理转化为个体行动的机制上两者也是不同的。基督教通过原罪说、彼岸审判说等神秘主义宗教义理，把"博爱"威慑性地内化成每个信徒的道德戒律，推动个体去自为实践。对信徒除了要求参加做弥撒等一些宗教仪式外，不需要不断强化外力去推动。"儒教"不是教，没有宗教神秘主义的彼岸惩罚机制造就的心理威慑，没有恒常仪式，只有将伦理神圣化而予以激励，即宣称修心可以成为众人高山仰止的圣人，内圣而能外王。这就离不开不断的高调说教，离不开"立牌坊"树榜样来强化，还要号召每个人"一日三省"进行检查，一旦外在强制能量削弱，马上道德就会滑坡。对于教化人，孔子比耶稣难得多、辛苦得多。

哦，没想到"自由、平等、博爱"的西方政治伦理，竟然在宗教伦理中找到了"基因"！

德国哲学家尼采曾说过"上帝死了"，这位法国朋友狡黠一笑说："尼采才死了呢，上帝可没死。他只是退居到二线，编了个政治程序让人类学着自己管理自己了！"

除此以外，在宗教法门中还看到了西方宗教的功能。在社会处于颠覆性大变革时期，宗教可能是"精神鸦片"（马克思语），因为它让信徒相信，上帝自有安排去惩罚作恶的魔鬼，无须人们奋起去颠覆。但在漫长平稳期的历史进程中，宗教却有着协和人际关系的伟大功能。

第三道法门：现代科学与工业主义

这第三道法门，对于我这个曾接受过工科教育的人来说应该是熟门熟路，似乎没有、不会有"柳暗花明"可称道，无非是些老生常谈。譬如就有个普遍认同的说法：中国虽有四大发明，但都是古代人经验的习得，始终没能上升到西方以伽利略为先导的数学建模、实验验证的现代科学，因此中国就没能产生本土自创的工业文明，也再没产生影响世界的现代科技发明云云。

不过我还是豁然解悟了当时的一件新鲜事。——那时国内正在风靡气功热——气功的特异功能如何颠覆了物理学、堪舆风水之学最为科学等等，霎时大气功师以及鼓吹者都发了大财。此时有不少气功师到法国来力推，想开拓广大的"西方市场"赚外汇，结果却门可罗雀少人问津。个中奥秘就是法国人传承的是现代科学，气功师拿不出由数学建构的量化理论，气功师的所谓实证又不可重复，他们自然而然地产生"笛卡尔的怀疑"而耸耸肩走开了。

还是那段时间，有一位在法国行政学院读博士的中国留学生来找我，说要与我聊聊他的博士论文的构思，没想到撞到"第三个法门"上了。

博士生说，法国导师要他将东西方国家行政管理制度做一个比较研究。

我们俩觥筹交错地喝着东西方智慧饮料——乌龙茶与法国咖

中国虽有四大发明，但都是古代人经验的习得，始终没能上升到西方以伽利略为先导的数学建模、实验验证的现代科学。

到罗素的书房去串门
进入浩瀚西方文化的高效"法门"

啡——一起提着神侃侃而谈。

他说："我国的行政管理制度，一直是农业时代世界最先进的制度。中国皇帝的施政目标别无其他，只求'风调雨顺，国泰民安'的稳定和谐状态，其哲学基础是玄妙的'天人合一'。（我插话，那就命名为'状态管理'吧。）好，就叫'状态管理'。到了哥伦布发现美洲新大陆的地理大发现时代之后，西方兴起了一种新型的管理制度，相对于你刚才提出的'状态管理'，暂且命名为'目标管理'。西方的君主们，每时都在盘算着扩大殖民地的目标，以及经济增长的目标。到了19世纪的鸦片战争，'目标管理'终于打败了'状态管理'。后来，中国人百年的救亡图强一直到改革开放，无非都是淘汰状态管理，仿效目标管理，时刻不忘GDP（国内生产总值）……这说明在工业革命以及市场经济时代，中国的'状态管理'的武功，就像冷兵器的义和团武功被热兵器的八国联军的洋枪大炮给废了。"

我立即进入罗素的第二道法门，对博士生的论说提出疑问。我说，通过海洋争得殖民地，掠夺其资源以及进行通商，在古希腊就开始了。从这个意义上说哥伦布并不是始祖。那么，"目标管理"的诞生时间，就不该是地理大发现时期。按照罗素的第三法门，只能说"目标管理"盛行于现代科学造就的工业主义时期。工业的所谓"主义"，就是创造、生产出大量的产品，并通过科学研究不断地创造新产品，然后给这些产品找到市场。因此，"目标管理"者的头号目标就是通过殖民战争去占领更大的市场，因此工业革命发源地的英国，顺理成章地在那时成为日不落帝国。

接着我又开始质疑起"状态管理"的武功是否真被废了。

我说，"状态管理"，毋庸争辩的是过时的农业文明的国家管理模式，无为，停滞，死水一潭。同样毋庸置辩的是"目标管理"乃现代国家唯一可取的管理模式，因此世界各国无一例外地都采用"目标管理"。每个国家的统计局所统计的全是目标。国家间的竞争说到底是目标实现速度的竞争。然而，1972年"罗马俱乐部"[1]的学者们登高一呼，要对两个"毋庸置辩"大大"置辩"一番。"罗马俱乐部"警示只有一个地球，提出增长的极限，也就是目标管理的大限到了。现实是如此令人惊悚，在目标管理的疯狂竞争中，地球得上了大病。被毒化了的地球、资源加速枯竭的地球越来越威胁人类物种的生息与繁衍。于是人们又开始想起、讴歌起中国"天人合一"的"状态管理"来。人们设想，"目标管理"与"状态管理"的合璧型管理，可能是当下最适宜的选择，提出了所谓绿色经济、低碳经济。然而，要让在工业主义那里尝到大甜头的"目标管理"的疯马，去吃节制有度的"状态管理"的回头草，难，难于上青天！因为，产生人类"幸福感"的基本"激素"，是人的欲求目标的不断相加，所以，欲望加法原则的"目标管理"，恰恰是最符合人性的。人性难移，江山难痊。

我从罗素书房串门出来时，赶紧又退了回去，想问问这位大智者，中国文化有几个源头？罗素耸肩摇头，说没找到。但是，将西方文化作为参照系，他发现中国文化有三个"唯一性"（写在1922年出版的《中国问题》书里）：

一、使用表意符号来书写，而不用拼音文字；

---

1 罗马俱乐部（Club of Rome），是关于未来学研究的国际性民间学术团体，也是一个研讨全球问题的全球智囊组织。成立于1968年4月，总部设于意大利罗马。

15

二、在受教育的阶层中，孔子的伦理学说取代了宗教；

三、执掌政事的不是世袭贵族，而是通过科举选拔出来的文人学士。

我听了很脸红，身为中国读书人却没能提纯出来。人家罗素到中国只待了七个月瞟了几眼就找出三个"中国特色"：表意方块字及其衍变出来的表象书法；把政治与伦理一起打包的儒学之道；给天下读书人均等机会的科举。我接着向罗素发问：这是否也是进入中国文化的三个便捷"法门"呢?

罗素消失了。

咳，看来下次还得来串门。

广场

Place 诱发的滑稽感

　　旅居巴黎多年，对法语中的一个空间名词——"广场"（Place），觉得有点蹊跷。在汉语中的"广场"，顾名思义，广场者广也，指的是城市中心的一个可以举行大型集会的空旷场所。通常一个城市只有一个，面积在数万至数百万平方米以上，譬如北京的天安门广场、广州的海珠广场、上海原来的人民广场等。巴黎却有很多 Place（广场），不仅把阔大的 8 公顷面积的协和广场叫广场，还把只有几十平方米的弹丸之地也叫广场, 岂不是形象大于本质？在美学书里"形象大于本质"叫作"滑稽"。

17

有一次我和法国汉学家朋友索菲相聚，顺便问她：公认法语是语法规范化、表达很精确的语种，可是你们怎么把巴掌大的场地也叫广场呢？

索菲反问我：为什么不能叫广场？不仅是巴黎，你走到欧洲哪个城市都是这样。Place，没有广袤的意思，也没有窄小的含义，欧洲人把周围由建筑围出来的空旷场地都称为广场。

"哈哈，你在北京上过学，照你这么说来，北京四合院围出来的一方天井也可以叫广场了？"

索菲一点儿也不觉得好笑："不可以，那是私人的私享空间。广场是城市的公享空间。不过，我反感大广场。它太大，大得完全不合乎人的尺度。当人很困难地徒步穿越大广场时，会感到它粗野地把人压扁成蟑螂了。尤其是，大广场还让我联想到是掉脑袋的地方。罗马的鲜花广场，烧死了说地球是绕太阳转的布鲁诺。巴黎的协和广场竖起过断头台，被推翻的国王、王后，到法国大革命的领袖人物，都在此身首异处。因此，我非常喜欢巴黎'巴掌大的'小广场，那里必有的咖啡馆是市民精神交通的枢纽，是市民心灵的后花园。哎，很奇怪，我在中国住了好几年，走了很多城市，从没发现我们欧洲这样的小广场。台北、香港也没有。"

过了两天，我接到索菲的电话，她说很惊诧，查了中国的《康熙字典》，根本就没有"广场"这个条目，连现在出版的《辞海》中也没有。可是，西方国家的所有大辞书，例如有汉译本的《不列颠百科全书》，其中都有"广场"条目。她认为这个东西辞书比较的发现很有意思，说明中国在皇帝统治的几千年中，城市里从来没有建造过纪念性的大广场，更没有供市民一起活动的小广场，因此汉语就没有造出"广场"

"广场是城市的公享空间。不过，我反感大广场。它太大，大得完全不合乎人的尺度。当人很困难地徒步穿越大广场时，会感到它粗野地把人压扁成蟑螂了……巴黎的协和广场竖起过断头台，被推翻的国王、王后，到法国大革命的领袖人物，都在此身首异处。"

广 场
古希腊何以能成为欧洲文明之母？

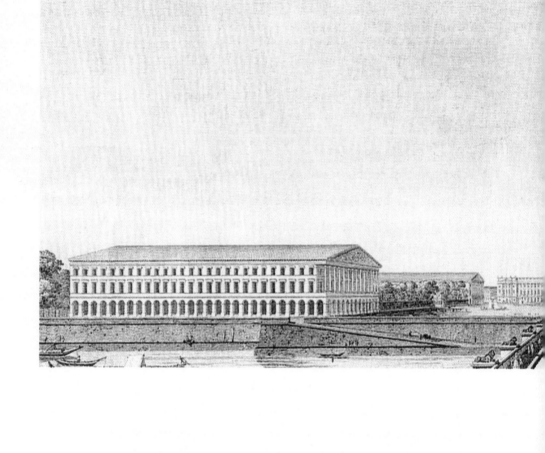

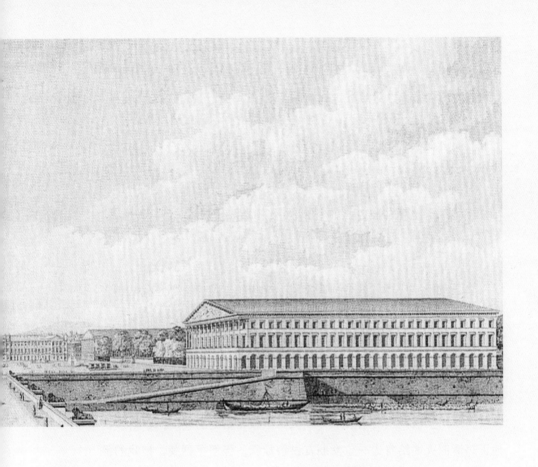

1789 年法国大革命时期的巴黎协和广场

广 场

古希腊何以能成为欧洲文明之母？

这个名词来。

是吗？学者就是爱较真。可我当时就那么即兴一问，问完就把"Place"当作鸡毛蒜皮早就丢到脑后去了。

欧洲文明的"祖父"是逻辑学

真正觉得"广场"这个词有着耐人寻味的丰盈感，那是我几年之后到了希腊。

我去希腊雅典参加一个会议。会议最后有个城市观光节目。在雅典观光的重头戏，当然是参观最负盛名的古希腊废墟——当年雅典城邦供奉智慧之神兼战神雅典娜的帕台农神庙。就在这里我偶遇了一位希腊朋友。他叫保罗，是在雅典一所大学里教希腊史的教授。我喊他时，他正热情似火地给身边一位女朋友讲解神庙。保罗见到我，把我的手都握疼了。可奇怪，当我伸手向保罗身边的女朋友致意问好时，她居然严重失礼拒绝和我握手！她冷冷地摘下墨镜——哈，原来是巴黎的老朋友——汉学家索菲！他乡遇故知，那就不是握手了，而是升级为拥抱着连贴四下脸的法国式的亲热礼仪了。

朋友邂逅，似水分子在微波炉中，立即会被热振荡出异常的热情来。我毅然决然离开会议的观光队伍，跟着保罗、索菲他们去了。

这时正好快到用午餐的时间，保罗邀请我们去吃地道的希腊佳肴，以尽地主之谊。他开车把我们带到了一家很上流的希腊菜餐馆。在欧洲人中，意大利人虚情，法国人抠门，唯有希腊人待朋友是最诚挚而又最慷慨热情的。

然而，保罗这回算是表错情了。

索菲边吃边贬希腊名菜和名酒。我们在喝希腊挂头牌的乳白色的饭前酒 Uozo 时，索菲说这酒太冲头而且还有画蛇添足似的茴香味儿。在尝生菜沙拉上淋山羊奶的头道冷菜那会儿，她耸肩问，这是什么怪味道？吃着以葡萄叶包米饭、绞肉、洋葱的热菜 Dolmades 时，她说味道还可以但又说太乡野了。她在餐间喝名为 Retsina 的希腊产的名葡萄酒时，批评酒里添加的松脂香味诚心要败坏酒香！不过，她在品评 Soublake（一大串羊肉在旋转烧烤着，厨师竖向切下羊肉片，夹在薄饼里，再加上西红柿洋葱等配料做成的馅饼）时，总算用了"好吃"的字眼，但马上她又说，这只能算是风味小吃，上不了大餐的菜单……法国人有个集体潜意识，法国大餐是世界的珠穆朗玛峰，对美食批评拥有绝对话语权，因而对任何国家（但中国菜除外）的菜肴都是居高临下、不屑一顾的。

此时听了索菲的话觉得太失礼，我马上把话题岔开："保罗，前不久我看到一项对欧洲的民情调查，评出你们希腊男人是世界上最体贴情人的国际大情圣，和外国人通婚的比例最高。"

保罗自我揶揄："看来希腊文明真的衰落了。古希腊的雅典男人，高产世界级的学术和艺术的领军人物，如三大哲学家、三大雕塑家、三大悲剧家，还有医学之父、逻辑学之父、历史学之父、音乐之父、数学之父、物理学之父、生物学之父、建筑学之父……一长串。可怜现在雅典的男人，就只出'国际情圣'了，对吧？"保罗把发亮的眼光投向索菲。

索菲横了他一眼。

人物的隐秘关系最能被细节泄密，凭这一来一往的眼神，我就知道他俩的关系非同寻常了。难怪索菲刚才那么有失礼仪地当着东道主保罗贬低希腊菜，原来是"情越多，礼越少"的人际关系定理在起作用。

保罗边喝着 Retsina 酒边对我说，他昨天在课堂上被中国来的一位女留学生的提问问住了，很有点难堪，下不了台，到现在也还没有答案呢。

我很好奇："还有什么问题能把保罗教授难住？快说来听听。"

保罗对我说，贵国女学生根据他讲课提到的一个数字——在建造帕台农神庙时期的天才辈出的古希腊克里伯利斯盛世，雅典城邦人口是 30 万人，其中有 20 万奴隶——她就算了一个很有意味的账。中国女留学生在课堂上说，保罗教授说过，奴隶只能从事粗重的体力劳动，被剥夺了智能性创造的权利，那么，雅典城邦的智慧型创造者实际人数要减去 20 万，剩下 10 万。由于歧视妇女，她们也不能参与智能创造，再去掉 5 万。在余下的 5 万有资格参加智能创造的男人中，还包括没有创造能力的男孩和老头，按比例还得减去 1 到 2 万。这样，雅典城邦真正有资格参与智能型创造的男人至多只有 3 万多了。中国女留学生讲到这里大为惊叹，就此发问：太不可思议了，在 3 万多的小小人群中，怎么能在短时间内一下涌现出那么多当时世界上最伟大的哲学家、政治家、雕塑家、戏剧家、地理学家、科学家、历史学家、医学家呢？正是因为这些，史称古希腊是欧洲文明之父。

索菲也兴趣盎然："有意思！这位中国来的女留学生问了一个很新鲜又很聪明的问题。这确实是世界文明史上绝无仅有的现象！"

保罗问索菲："喂，巴黎才女，莫非你有答案了？"

她摇摇头，说："暂时没有答案没关系，只要有聪明的问题就好办。"

保罗欣慰："哦，看来答不上来的不只是我一个！"保罗转头问我："难道你也是我的同类？"

我发呆了一会儿，脑子里忽然闪了一道亮光，说："嗯，有了！我好像找到欧洲文明的'祖父'了！"

"欧洲文明的祖父？哈哈，你是想学古希腊神话中的神谱，弄一个欧洲文明的家谱出来？"保罗以为我在贫嘴。

我说："我有个大胆的猜想，可能是因为你们古代希腊人首先发明了当时最先进的思维工具——逻辑学，所以才快速孵化出一批开创各个学科的学科之父，即'欧洲文明之父'来。"

索菲好像听出了些门道："你详细说说你的猜想。"

"这么说吧。当人类进化到智人之后，脑容量就没有再增加了，其智能的提升，要靠思维方法的革命性突进。我来举个例子。根据欧洲数学史，中世纪的欧洲各国，那时学数学的人要学会四则运算中的除法，必须在本国大学毕业后到意大利留学专门学习才能予以掌握。在当时，不管是智商多高的数学天才，一辈子都运算不完百万位数的除法。可是今天，任何小学生就能轻而易举地把百万数的除法算下来。这绝不是今天小学生的大脑比五六百年前的大数学家的大脑有了飞速的进化，而完全是因为除法运算的方法有了飞跃的进步。由此可见，思维方法的先进与否，主要决定着人类的智能。古希腊人首先发明了当时世界上最先进的思维方法——逻辑学，那是人类由混沌思维进入具有严格学理性的'学'的必要条件。有了它这个成'学'之父，才可能迅速繁衍出一大群古希腊的各个学科和'学科之父'。这么一推算，逻辑学岂不就成了欧洲文明的'祖父'了？"

保罗教授对自己教授的希腊史如数家珍，他心有灵犀一点通，说："啊，有道理！不错，逻辑是做学术的基础工具，有了它才可能开创各个学科，因此集逻辑学大成的亚里士多德才会把他的逻辑学著作叫《工具论》。你把逻辑学比喻为所有学科之父，很形象，也很准确。"

　　"不，我不同意你们的看法，"索菲反驳，"逻辑学并不是古希腊人的发明专利，你们中国古代学者墨子，比亚里士多德年长约100岁左右，他就有了逻辑学方面的研究著作，可为什么古代中国没有发端出古希腊那样的各个学科呢？"

　　我毕竟是中国人，对自己家的事总还是要知道得精细些。我说："索菲，你是过分抬举墨子了。中国的墨子，以及后来的名辩学派中的惠施与公孙龙，还有再后来的荀子，他们虽然接触到了逻辑方面的问题，但很遗憾，只是东鳞西爪，没有进入逻辑的系统研究，根本不成其为逻辑学。他们主要是在名（概念）与实（对应的事物）的关系上发表了各种看法。老实说，他们连概念的定义、概念的外延和内涵、概念的分类等都没有闹清楚，更谈不上对判断、推理、证明、反驳等逻辑问题的研究了。"

　　"是吗？"索菲半信半疑，但也没有新的理由反驳我。保罗不懂中国，干瞪眼看着。气氛凝涩。我还发现，说话时都停止了用膳，太严肃认真了。于是我举起了酒杯："呵，在这享受美食的时刻，我们这么认真高谈阔论，是不是太沉重了？来，干杯！为了有助消化，保罗，我来考你一个轻松有趣的问题。"

　　保罗说："请讲。"

　　我说："假如有人对你说，索菲那双美丽动人的褐色眼睛不是眼睛，你作何反应？"

"索菲的眼睛不是眼睛？你是不是在说荒诞派戏剧中的台词？"保罗这个大情圣扫描了索菲一眼，说，"哦，我会对这个人说，索菲美丽的褐色眼睛不是眼睛，那是帕瓦罗蒂唱的'我的太阳'！"

　　索菲抿嘴一笑，问我："你是想说中国古代'白马非马'的著名逻辑命题吧？"

　　我说正是，然后转向保罗："刚才索菲说了，'白马非马'是中国古代很有名的逻辑命题。有位叫公孙龙的说，'白'是事物的颜色，'马'是一物的形体，两者不同，因此白马不是马。这就等于说，索菲的褐色眼睛不是眼睛。这个命题，说明公孙龙已经发现'白马'和'马'这两个概念要加以区分，开始进入逻辑范畴的思考了；但是，很可惜，他没有能像亚里士多德那样，分清'白马'是外延较小的种概念，而'马'是外延涵盖'白马'的类概念，因而'白马'是属于'马'的一种。公孙龙却把概念不同，一律说成两者不是一回事，于是得出了'白马非马'，也就得出了索菲的褐色眼睛不是眼睛，而是你的太阳！"

　　大情圣开怀大笑。

　　我转向索菲："索菲，你一定知道《庄子·天下》中记述的名辩学家惠施等天下辩士的 21 个逻辑命题。"

　　索菲点头。

　　"这些命题，说明名辩家们在探讨演绎推理的问题了。其中第一个命题就是'卵有毛'。我们来听听中国古代辩士们如何进行逻辑推理的。他们说，既然鸡蛋能孵出小鸡来，而小鸡是有毛的，所以，也可以说鸡蛋就有毛。哈，中国辩士推理出鸡蛋有毛的结论来了！由此可见，古代中国没能发明出亚里士多德的三段论来。"

　　索菲感叹："哦，太有意思了，我从你这里找到我的一个多年困惑的解释了。我在读中国古代典籍时一直有个难以解释的困惑，老子的《道德经》，孔子的《论语》，通篇都是结论，为什么没有任何逻辑证明？例如老子说'道可道，非常道'，为什么将'道'说出来就不是'道'了呢？老子不进行证明。孔子说'三人行必有我师'，孔子也不回答为什么……与差不多同时期的古希腊典籍相比较，无论是柏拉图的《理想国》，还是亚里士多德的《形而上学》，都是有三段论的证明的。现在明白了，原来是你说的，因为中国古代学者没有发明三段论，因而不会用推理来证明。"

"何止是古代，一直到近代的晚清，在西方逻辑学传入之前，中国几千年的关于人文和科技的文章，不是阐述感悟就是叙述经验，只有判断，没有任何三段论的逻辑推理与证明。"我进一步发挥，"古希腊发明了逻辑学，才可能有欧几里得几何学；中国虽然也懂得了直角三角形三边的所谓'勾股弦'的经验性比例关系，但上升不到'两直角边平方之和等于斜边的平方'的毕达哥拉斯定理。中国古代有经验性的伟大的'四大发明'，但是很可惜，没有能建立起西方那样的自然科学的各个学科来。究其源头性的原因，那就是中国没有诞生欧洲文明的'祖父'——逻辑学。"

保罗突然雀跃起来，说："告诉二位，如果逻辑学是欧罗巴文明的祖父的话，那么，我现在发现它的曾祖父了！"

啊？！

曾祖父与精神助产士

保罗一面付款一面说："我请这一顿午餐太划算了，多谢二位帮我找到了被学生诘难住的难题的答案。下堂课我就会去告诉那位诘难我的可爱的中国女孩子：为什么古希腊在很短的时间里一下涌现出那么多学科之父？我的一位法国女友和一位中国男友在吃着希腊大餐时灵感大发，争论出了一个没有见于任何文献的新鲜答案：那是因为我们古希腊人发明了逻辑学。是的，查遍世界其他所有的古文明，都没有建立起由亚里士多德集大成的睿智的能使思维形式化从而保证思维正确运算的逻辑学来。有了逻辑学，就具备了建构学科的科学学理基础，于是就顺理成章地诞生出了天才辈出、群星灿烂的古希腊文明，即'欧洲文明之父'。论资排辈，逻辑学当然就是欧洲文明的'祖父'了。"

保罗不愧是吃教授饭的，言简意赅，概括得很漂亮。

但是他说完又高高隆起了眉头，说："可我心里还是很不踏实。倘若那位中国女留学生接着追问：在世界各大古文明中，为什么唯有古希腊人发明了逻辑学？你们二位又将怎样回答呢？回答出来要不要我再请你们吃顿晚饭？"

我和索菲没想到保罗突然冒出这么一个超链接的问题来，无以为答，冷了场。

保罗起身，脸上马上绽开出了胸有成竹、还有点调侃味道的微笑，说："这回该由我来当'三人会的主持人'了。想知道古希腊逻辑学的发生机制——欧洲文明的曾祖父是谁吗？好，请跟我来！"

索菲打了个哈欠，懒洋洋地问："去哪里？"

"去一个古希腊的广场，苏格拉底经常站在那里发呆或拉人争论的广场。"

"去古希腊广场？太好了，这，我很有兴趣！"索菲倏然精神起来，转脸对我说，"你不是在巴黎问过我广场的问题吗？跟保罗走，准有精彩的续集了！"

保罗开车东转西拐，把我们领到离雅典卫城不远的一个很不起眼的普通街区。下车一看，那里根本就没有什么古希腊广场遗址的影子！索菲埋怨：为什么撒谎把我们带到这个小街陋巷来？

保罗仍然保持着调侃的微笑："别急，请听我讲解。据考证，这里就是古希腊的一个著名的广场所在地。用苏格拉底的话说，这是伟大的精神助产士。用我的话说，它是欧洲文明、当然包括你们法国文明的'曾祖父'！"

保罗说话时眼神盯着索菲，很少把眼神分配到我这里："广场，是古希腊人首创的供男性公民辩论和闲聊的场所。按当时规定，奴隶和有犯罪记录的男市民不准来广场，妇女也不来——"

还没有说上两句，索菲就打断保罗的话对我说："古希腊广场，是民主制的产物。雅典政治家首创人类第一个民主制度，非常有趣、有意味。每十天就会有个声音洪亮的传令官到街上去吆喝，通知男性公民们到城西的公民大会的开会地点去开会。这时男性公民就会走出作坊、商店和住宅去参加会议。开会的议题很多。有选举——选举9名执政官、10名将军、10名步兵统帅、1名司库员、500名议员、10

名市场官等等。有表决'陶片放逐'，即对破坏民主制度企图实行独裁的人，以陶片作为选票，表决是否要逐出雅典。还有讨论战争、市政建设等各类问题。雅典民主制可不是像今天的民主制，只是把公民当作表决机器。雅典执政官非常鼓励在表决前展开辩论。每位申请发言者，会议主席会给他戴上一个月桂编制的桂冠，以示尊贵。任何人可以和发言者争论，但不能对发言者有任何侮辱性的言论，不然就会被逐出会场。这就是后来伏尔泰总结的民主言论的神圣原则：'我可以不同意你的观点，但我要捍卫你说话的权利。'古希腊的公民们争相发表自己的政见，蔚然成为被全社会称道推崇的时尚。公民们都渴求能在公民大会上说得好而被人尊敬，就产生了一个强烈的社会需求：希望高才善辩者教他们如何演讲。这就呼唤出了一个专门教授社会知识、演说术、修辞学的专业人士群，并渐渐形成了一个哲学派别，史称为'辩士派'。苏格拉底是其代表人物。为了满足平日里辩士和公民学习式的辩论，以及满足公民间的思想交锋，城邦管理者特地建造了许多由柱廊围出来的广场——"

保罗也打断索菲的侃侃而谈，说："索菲，现在我是这个话题的提出者和'主持人'，我有'话语特权'。"

"好，'主持人'请！"索菲朝我看了一眼，会心一笑。

保罗带着我们在这个街区溜达。他指点着远处一栋五层的住宅楼说，那里是广场的外围，原是一座酒神神庙。他又指着近处的几排房子说，那是广场最为核心的建筑——围着广场的三面独立柱廊所在地。那时的柱廊是由多里克柱式或爱尔尼亚柱式的双排柱子构成的，上面盖有顶棚，以遮阴避雨。如索菲刚才所说，柱廊的功能是专门供男性公民来广场争辩或闲聊的公共场所。广场有三边或四边式的平面布局，

"古希腊广场，是民主制的产物。每十天就会有个声音洪亮的传令官到街上去吆喝，通知男性公民们到城西的公民大会的开会地点去开会。开会的议题很多。有选举，有表决'陶片放逐'，即对破坏民主制度企图实行独裁的人，以陶片作为选票，表决是否要逐出雅典。雅典执政官非常鼓励在表决前展开辩论。每位申请发言者，会议主席会给他戴上一个月桂编制的桂冠，以示尊贵。这就是后来伏尔泰总结的民主言论的神圣原则：'我可以不同意你的观点，但我要捍卫你说话的权利。'"

广 场
古希腊何以能成为欧洲文明之母？

没有柱廊围着的那一边是店铺，卖些吃吃喝喝的东西。广场中央有雕塑、祭坛、树木、水池等景观。面积有几十到几百平方米不等。这是欧洲广场的母型，后来的欧洲各城市的广场差不多都是这样的布局，只不过是将柱廊演变成了咖啡馆罢了。保罗停了下来，指着他脚下的地方说，这里是当年苏格拉底经常沉思发呆或拉着过往广场的人提各种问题的地方。苏格拉底非常喜欢把困惑自己的问题去困惑别人，这是他一生做学问最特别也是最有成效的方法。

索菲又打断保罗说话，对我说："请你注意保罗刚才说的两个关键词句：一是广场面积小；二是后来欧洲的广场用咖啡馆替代了柱廊。这就是说，现在欧洲城市小广场的咖啡馆，继承了古希腊柱廊的精神功能，是市民们脑力激荡和大脑联网的去处。"

"索菲，出于礼貌，你也不应该总是打断别人说话呀。"保罗显然对索菲不满，但还是恒定地保持着希腊大情圣那种语调平和加绅士式微笑的"软神情"。

"对不起！这不是不拘小节的闲聊吗？"索菲上去亲了他的脸颊，以示补偿。

保罗更加情绪昂扬地给我们讲起了一则苏格拉底的趣闻轶事——

有一天，苏格拉底像平常一样，来到这里。他一把拉住一个过路人说道："对不起！我有一个问题弄不明白，想向您请教。人人都说要做一个有道德的人，但道德究竟是什么？"

那人回答说："忠诚老实，不欺骗别人，才是有道德的。"

苏格拉底装作不懂的样子又问："但为什么和敌人作战时，我军将领却千方百计地去欺骗敌人呢？"

那人回答："欺骗敌人是符合道德的，但欺骗自己人就不道德了。"

苏格拉底反驳道："当我军被敌军包围时，为了鼓舞士气，将领就欺骗士兵说，我们的援军已经到了，大家奋力突围出去。结果突围果然成功了。这种欺骗也不道德吗？"

"那是战争中出于无奈才这样做的，日常生活中这样做是不道德的。"

苏格拉底又追问起来："假如你的儿子生病了，又不肯吃药，作为父亲，你欺骗他说，这不是药，而是一种很好吃的东西，这也不道德吗？"

那人只好承认："这类日常生活的欺骗行为也是符合道德的。"

苏格拉底并不满足，又问道："不骗人是道德的，骗人也可以说是道德的。那就是说，道德不能用骗不骗人来说明。那么，究竟用什么来说明它呢？还是请你告诉我吧！"

那人想了想，说："道德是一种有益于好人之间和谐生活的行为准则，不在于有没有说谎。"

苏格拉底很亢奋，拉着那个人的手说："您真是一个伟大的哲学家，您告诉了我关于道德的知识，使我弄明白一个长期困惑不解的问题，我衷心地感谢您！我还要感谢这广场，它是伟大的精神助产士。"

保罗讲完就点评起来："你们一定会笑我拿这种中学生读物来对你们讲；不，我把这则趣闻轶事放在这个古希腊广场上来谈论，有着微言大义。"

"微言大义？你是想在索菲面前故作惊人之语吧？"我调侃保罗。

保罗说："确有深层含义。不妨请听我来解析。对于道德的设问，一般都是问'怎么做才是道德的？'回答会很具体,诸如'见义勇为''乐善好施''诚信待人'等等。可是苏格拉底的设问不同,他问'究竟什么是道德？'这是一个要人抽象出'道德'这个概念本质属性的逻辑问题,也就是给道德概念下定义的问题。经过几番反驳,他们终于抽象出了一个令两人都满意的定义。古希腊人就是这样凭借着广场进行面对面的争论,当争论双方出现莫衷一是或诡辩时,人们必然会从具体的争论中跳出来,让思维向形式化（逻辑化）方向提升,以求解决。这个提升过程就是逻辑学诞生的过程。刚才你们俩议论的中国古代'鸡蛋有毛'的命题,如果是在古希腊广场面对面的争论,又正好遇到苏格拉底,争论就会出现向逻辑化逼近的场景。苏格拉底会首先拿来一个鸡蛋来证明其无毛,接着他以正确的三段论逻辑推理来举例:

凡是人都是要死的（大前提）

苏格拉底是人（小前提）

所以苏格拉底必然会死的（结论）

苏格拉底说,上面的三段论推理所得出的结论是正确的。应用这个三段论格式,如果要得到'卵有毛'的结论,必须是这样的:

凡是能孵出小鸡的鸡蛋都有毛（大前提）

这个鸡蛋能孵小鸡（小前提）

所以这个鸡蛋有毛（结论）

苏格拉底马上指出,显然,'凡是孵化出小鸡的鸡蛋都有毛'这个大前提不能成立，因此推理出来的结论肯定是错误的。这样，就在逻辑层面上把'卵有毛'的诡辩给驳倒了。由此可见，广场式的面对面的辩论，会导向思维的形式化。这就是古希腊逻辑学的发生机制。如果说逻辑学是欧洲文明的'祖父'的话，那么广场就是'曾祖父'。"

"不，不对，"索菲否定。她转向我问："中国春秋战国时期的诸子百家，不也是一样在争鸣论战不休吗？为什么没有争出个逻辑学来？"

我一时语塞，答不上来。看到路旁有一家咖啡馆，我提议请他们进去喝一杯。

咖啡给了我灵感："索菲，你在巴黎不是告诉我，中国古代没有城市广场吗？那么，这不正好证明，我国的诸子百家的争鸣，不是像苏格拉底那样在广场柱廊下的面对面的争论。历史事实也是如此。中国诸子百家都是各自在书斋里著书立说，或者是在各自游说各国君主时表达自己的观点。不同观点者不在同一现场。即使是专门好辩论的'名辩派'也是如此。在书面论战中，可能会激发出一些逻辑问题，但是，由于没有面对面的不断逼问，很难深入，就像我们前面说的 21 个命题，都是浅尝辄止，没有建立起古希腊的逻辑学。对吧？"

"对！说得好！"保罗高声为我叫好。

索菲则还不以为然，专门"欺负"保罗："保罗，你不觉得无聊吗？史称古希腊是欧洲文明之父，我们就寻根找到欧洲文明的祖父是逻辑学，然后你又寻根找到古希腊广场是曾祖父。我们又知道希腊民主制度造就了广场，那不成了高祖父了？还知道梭罗等政治家缔造了古希腊民主制，那该叫什么？高高祖父？这么寻根下去有什么意思呢？这不太无聊了吗？"

保罗温和地反驳："我这不是受你这位法国女士熏陶出来的吗？到你

"拉斐尔把广场的柱廊变换成了豪华的殿堂，他还搞了一点超现实主义的想象，把不同年代的五十多位古希腊哲学家、科学家、艺术家荟萃在同一时空中进行面对面的争论。他们在争论中促成了大脑的智慧联网，于是，立即在古希腊涌现出了一大批超群绝伦的人物。"

广 场
古希腊何以能成为欧洲文明之母？

们法国人家里做客，一顿晚餐就能聊上四五个小时。聊什么并不重要，重要的是能一直往下聊，那才是最惬意的法国式精神消费。我们今天不也是吃饭喝咖啡，能一直有趣地聊到现在，不正是你喜欢的精神消费吗？"

索菲没有答话。她突然指着咖啡馆墙上的一幅壁画，好像哥伦布发现了新大陆似的说："你们看！这才是对古希腊广场的最精彩的诠释！拉斐尔把苏格拉底说的'广场是伟大的精神助产士'作了最天才的感性显现。"

我们抬头一看，原来是按照印刷品临摹的《雅典学院》。这是文艺复兴大师拉斐尔26岁为梵蒂冈教廷创作的名垂美术史的杰作。

索菲赞叹："拉斐尔把广场的柱廊变换成了豪华的殿堂，他还搞了一点超现实主义的想象，把不同年代的五十多位古希腊哲学家、科学家、艺术家荟萃在同一时空中进行面对面的争论。他们在争论中促成了大脑的智慧联网，于是，立即在古希腊涌现出了一大批超群绝伦的人物。欧洲，一直在传承着古希腊小广场的'精神助产士'的神韵。在巴黎一个小广场的'双叟咖啡馆'里，争论出了萨特的存在主义，发端出现代主义艺术的许多流派。在瑞士首都伯尔尼的一个小广场的'奥林匹亚咖啡馆'，争论出了爱因斯坦改写物理史的相对论。因此，欧洲一直是全球的文化重镇。由于小广场和另一种变种的小广场——法国文人沙龙——的脑袋联网，我们法国几乎代代都出思想家。我说过，我反感大广场，钟情小广场！"

保罗看表，笑眯眯地对索菲说："钟情的索菲，我们该出发去拜访你激赏的拉斐尔了。"

哦，他们今晚要一道飞去罗马度假。

当下中国到处是"广场"

　　索菲他们走了,记得索菲曾说,中国(包括香港、台湾)从不时兴做古希腊式的广场。古希腊民主制的执政官希望市民对每一项决策充分辩论,因此在城市规划中建起了广场。以研究"极权主义"著称的政治学者阿伦特称之为"公共领域"。没有恐惧的自由争辩(言论自由)是伟大的精神助产士。中国古代,皇帝自诩一言九鼎,他们当然反感、害怕,甚至仇恨小民说三道四,所以历史上的中国城市规划从没有建小广场这一项。不过有例外。出于商业利益驱动,古代民间开了很多茶馆。按理人们在这个"公共空间"可以交换信息与自由讨论,与西方小广场的咖啡馆何等相似乃尔。然而,在封建专制政权下,开茶馆的老板不得不贴出这样的禁令:"莫谈国是!"于是茶馆里就只能谈一些民间的鸡毛蒜皮或者是与政治无关的八卦新闻了。

　　今天的中国是不是发生了大变化?近30年每个城市都有大批的家喻户晓的广场。不妨拿广州为例,以广场命名的已经有30多处,个个名气不小。但是很奇怪,这些大名鼎鼎的广场不是欧洲那种由三面建筑围出的一片城市空地,竟是一座座非常气派的大厦!如天河城广场、宏城广场、财富广场、东峻广场、时代广场、荔湾广场……这里的所谓"广场"不过是生造出来的替代原来的"大楼""大厦"

的同义词！如果每个人都有权生造汉语的新词（所谓网络语言生造最甚），没有国家权威机构（例如法国法兰西学院）的规范，如此下去，汉语会演化成只有各个小群体自己听得懂的"黑话"。

麦哲伦误读：以杀报恩

16 世纪的地理大发现时代，麦哲伦首创环球航行。众所周知他证明了地球是圆的。但鲜为人知的是，他还证明了一个人际交往中的灾难性的"非圆"——上演了一出因跨文化误读而酿成的误杀大悲剧。

这个悲剧的情节是这样的。

1520 年末，麦哲伦带领船队穿过南美洲的被后来人命名的"麦哲伦海峡"，在新发现的大洋中风平浪静地、太平地航行了 100 多天（因此麦哲伦命名新洋为"太平洋"，其实太平洋一点儿也不太平）。船队行进中却出现了另一种灭顶的不太平，此时粮尽水绝。1521 年的 3

月6日，他们突然发现驶达了一个富饶的群岛——太平洋西部的马里亚纳群岛。当地的土人得知他们缺少食物而奄奄一息，马上给他们送来了粮食、水果、蔬菜和淡水。麦哲伦和他的船员们非常感动和感激。然而，就在船员们狼吞虎咽美食时，土人们纷纷走上船来，选取他们感到新奇和喜爱的东西，不打一声招呼就大大方方地拿走。麦哲伦和船员们在惊愕之后开始几番阻拦，结果都无效。接着他们怒火中烧，斥骂土人是强盗并拿起枪炮向土人开火。最后是把"强盗们"歼灭。麦哲伦后来死于航行途中，那些完成环球航行的船员还理直气壮地把这个群岛命名为"强盗群岛"。

百年之后，文化人类学家来此研究发现，这是一个触目惊心的跨文化误读所造成的杀戮。该群岛当时土人的制度文化是原始公有制。按他们的文化价值，见到来客十分饥渴，立即送上食物是天经地义的事；同理，按原始公有制文化价值，他们看到自己喜欢的东西拿来玩赏或使用，也是天经地义的行为。可是，积淀了私有制文化和基督教文化的麦哲伦和船员们，他们把土人主动送来食物，读为基督教价值上的无须报答的爱心，而把不经允许拿走他们的东西的行为读成是"强盗行径"。

悲剧就在跨文化误读中酿成。

1520 年末，麦哲伦带领船队穿过南美洲的
被后来人命名的"麦哲伦海峡"。

麦哲伦证明的"非圆"

跨文化误读的双盲悲剧

乾隆皇帝误读：促商变盗

关于价值的误读，我们再来举一个中英文化误读的案例：本来有着无限商机，就是因为远距离跨文化的不同价值误读，导致了商业上莫名其妙失败。

1793 年，英（国）王乔治三世，派出了一个 700 人的空前使团到中国。领头的是英国东印度贸易公司的代表麦克卡尔尼（George Mccartney），随行的有商人、科学家、艺术家、会计、工程技术人员、医生、水手和厨师等跨行业人士。目的是想与处在"康乾盛世"的有极大商机的中国做生意。上一年（1792 年），中国产品第一次大批量运到欧洲，掀起了欧洲人的狂热。当时，在法国王宫里最热门的摆设是中国瓷器；各国王后最爱穿的是中国衣料；甚至茶叶也成了欧洲上层沙龙的最珍贵最时兴的饮料。麦克卡尔尼带代表团朝见乾隆皇帝时是 11 月 14 日，正值乾隆 83 岁的寿辰。麦克卡尔尼按照英国大臣对国王的最高礼仪，先向乾隆行鞠躬礼，然后跪下一条腿要亲乾隆的手背。坏了，立即遭到了乾隆的严厉拒绝。按照中国宫廷礼仪（价值），下臣觐见皇上不双腿下跪就已经犯了天条，更何况，皇帝的龙体（手背）怎么可以让下臣，特别是番邦的下臣吻得？还有更糟糕的，那就是麦克卡尔尼呈给乾隆的英王的亲笔信上竟然称乾隆是"亲爱的朋友"，而不是无限崇敬地三呼万岁，这还了得？就是因为这些礼仪价值上的

"跨文化误读"——注意：不是因为商业利益摆不平的原因——英国人一无所获，败兴而归！

过了大约50年，一头雾水的英国人不再派商团到中国来协议经商，而是野蛮地用坚船利炮轰开中国商埠——国家级海盗破门而入了。

祸害根源在于价值的内隐性

在巴黎，一位在此留学的日本女孩嫁给了一位法国小伙子。女孩的妈妈满腔热情来看法国女婿。按照日本的民俗价值，吃面条应该发出大响声，响声是对烹调者的赞赏，是对自己好胃口的证明，可是法国女婿的价值却认为吃饭有响声不文明。当女婿听到岳母大声吃面时耸肩做了个鬼脸无意让岳母看到了，岳母感到长辈的尊严受损而记在心里了。有一天，法国女婿感冒，老是喷嚏不断，鼻涕连连。根据法国民俗价值，打喷嚏不能有响声，擤鼻涕可以大声，故法国女婿打喷嚏时其拼命压抑的样子很可笑，而擤鼻涕时却肆无忌惮地通过大鼻子的共鸣腔放大而响声雷人。岳母用鄙夷的眼光看了女婿几眼被女婿发现了……就这些鸡毛蒜皮的生活细节不断积累成了怨艾，岳母住了一星期就愤愤然走了。

我曾专题采访过港台大陆嫁给法国男人的"王昭君"们。发现，伉俪们因为跨文化误读的概率太高、太累。还发现，夫妇间在一两年的跨文化新鲜期过去之后，接着就是话语的干涸期，话说干了，难以找到有趣的话题，太无聊。因此，跨文化婚姻善终的不多。

要问：为什么他们不能沟通解释一下各自的价值观呢？

国际知名的价值学学者方迪启（Risieri Frondizi），在他的《价值是什么——价值学导论》一书的第一章指出过价值的一个"寄生"性质："价值本身无法存在，它的存在基于某种通常是事物价值携带者（Value Carrier）。以美（价值）为例，美的自身无法独存，然而，美却在某些物质对象中显现出来：如一块画布，一块大理石，一座铜像，都可以表现出美。价值需要一个携带者，是价值的一项特征，这种需求注定了价值的'寄生式的'存在。"[1] 价值的"寄生性"，意味着价值是内隐在价值携带者中的，不是直接显露在外而一目了然的。这个糟糕的"内隐性"就是引发不同价值人际交往时误读的根本原因。价值寄生在事物、事件中，对于同质文化的群体来说，它是约定俗成不言而喻的，在交往中互相能够心有灵犀一点通。然而，对于跨文化的人来说就无法解读而且不便说出"寄生"在事物中的内隐价值了。日本岳母与法国女婿之间的相互看不惯是价值内隐而不说出来惹的麻烦。麦哲伦误杀马里亚纳群岛的土著也是内隐价值惹下的大祸。

由于价值的寄生性所决定的内隐性，还让误读者根本意识不到自己在误读，于是，常常发生一误再误的连锁误读，导致人际对抗的不断升级。

---

1 方迪启：《价值是什么——价值学导论》第 4 页，台湾联经出版事业公司，1988 年版。

尊严侵犯是价值误读的致命要害

麦哲伦误杀是文化隔绝时代的跨文化误读事件。那么，当下已经是地球村时代，是以数字化网络快捷而无限地交流着信息的时代，各种文化的价值通过传媒已经进行了广泛的交流和介绍，还可能发生跨文化误读的麻烦吗？

法国跨国大企业法马通公司，承建中国大亚湾核电站的工程，兼有培训中国工程技术人员的项目。按理，工程技术的培训，是以科学技术规范化了的无误读交流，然而也发生了严重的对抗。据负责"文化解读"的法马通公司高级中国顾问郑鹿年向我介绍，一位法方工程师居然到了见不得中国人面孔的地步：只要有中国人坐的车他就不坐，有中国人出席的会议他就退场。中方也向法方提出，一定要换掉这位工程师。

到底出了什么问题了呢？出在与工程技术完全无关的跨文化误读之上。核电站是人类最危险的造福工程，丝毫马虎不得。法方负责培训的工程师，为了让中方培训人员对每项技术问题加深印象，在讲授时经常用他们习惯的"是非法"，即一个问题故意提供一错一对的两个答案，点名让中方技术人员回答。法国工程师无意地数次让中方一位资格老、威望高的工程师来鉴别是非两个答案，结果这位中方工程师几次以错为对，引起众人哗笑。中方老工程师恼羞成怒，认为这是

49

法国工程师故意让他在下级面前出"洋相"，内隐起了强烈的不满。老工程师按中国文化要有涵养的标准，并不形于色。法国工程师一点儿也不知自己犯下了跨文化误读的大错——即中国人忌讳当众丢面子，尤其是在下属面前丢不起。这个内隐的中国价值，中方老工程师不会说出来，而是处处不露痕迹、不留把柄地刁难、伤害法国工程师的尊严，以泄私愤。法方工程师如堕五里雾中，出现了精神障碍，泛化为抗拒接受全部中国人。本来有着共同目标、共同利益的两位不同文化的优秀工程师，竟然闹到了有我无你、有你无我的地步。

这个案例进一步说明，内隐的价值是极其细致复杂的，再详细地介绍中国文化价值的书，也不可能讲到（想都不会想到）在工程技术培训时不宜用"是非法"向中国高级工程师当众发问的价值细节。因此，即使在数字化网络时代，价值误读仍然不可避免。

法马通公司案例还提出了一个价值误读的要害问题：不能有意无意地伤害人的尊严。"是非法"发问的要害，是使中国老资格工程师当众丢了面子。面子，在中国文化中是尊严的通俗表达。丢面子，就是在人前丢失尊严。中国工程师对法国工程师的报复也是刻意制造麻烦伤害法国工程师的尊严。

英国著名历史学家汤因比和日本著名宗教学者池田大作，在他们的对话录《展望二十一世纪》一书的结尾章节中对尊严有这样的论述："必须把生命的尊严看作为最高价值，并作为普遍的价值基准，就是说，生命是尊严的，比它更高贵的价值是没有的。"在这价值多元的时代，人类仍然有一个共同的价值基准，那就是人的尊严。尊严是每个人的"精神雷区"，是万万不可触碰的。不论你权位多高，财富多巨，都不能肆意地损害下属"卑微者"的尊严，不然你定会遭到引爆"精神地雷"的报应。

综合上述数个古今案例，得出如下几个结论：价值的寄生性、内隐性，成了跨文化人际交往误读的触发机制；同理，由于价值的内隐，导致误读双方双盲，即误读者意识不到自己在误读，没有与对方沟通的需要，误读常常会一误到底；价值误读倘若侵犯人的基准价值——尊严，别看表面的事情鸡毛蒜皮、微不足道，其导致的对抗常常是意想不到的不共戴天。

知音在哪里？

到巴黎人家里做客，有人给我忠告，在饭桌上要回避两个话题——艺术和政治。我纳闷，在被称为世界艺术之都的巴黎忌谈艺术，岂非咄咄怪事？后来知道，个中原因是，现代艺术的价值标准多如牛毛，一旦进入，就会各执一词争论不休，不可能有同美共赏的雅集佳境。那么政治话题呢？只有极权主义国家在家宴上谈政治有可能遭遇陷入囹圄的恐怖，为何自由的法兰西也是大忌？后来也弄明白了，正是因为自由，每个家庭里存在多个党派的成员或支持者，只要接触到任何现实政治话题，就会引起"此亦一是非，彼亦一是非"的甚至情绪化的争执，大煞风景。

这与国与国间的跨文化误读无关，但与同族间的"微跨文化"相关。当下，多学科像宇宙大膨胀那样蓬勃拓展，每个人只能在极其浩瀚的

所以遊目騁懷足以極視聽之

娛信可樂也夫人之相與俯仰

一世或取諸懷抱悟言一室之內

或因寄所託放浪形骸之外雖

趣舍萬殊靜躁不同當其欣

於所遇暫得於己快然自足不

知老之將至及其所之既倦

情隨事遷感慨係之矣向之所

欣俛仰之間以為陳迹猶不

能不以之興懷況脩短隨化終

期於盡古人云死生亦大矣

豈不痛哉每覽昔人興感之由

若合一契未嘗不臨文嗟悼不

能喻之於懷固知一死生為虛

誕齊彭殤為妄作後之視今

亦由今之視昔悲夫故列

敘時人錄其所述雖世殊事

異所以興懷其致一也後之覽

者亦將有感於斯文

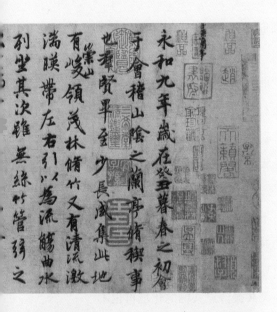

晋代书圣王羲之，其创意了得的"曲水流觞"酒宴，是一个千古佳话。朋友们在天朗气清、惠风和畅的园林里，坐在一股清澈的流水边，酒盏就漂浮在流水之上。朋友们各自拿起漂到自己身边的酒杯，畅饮吟哦，欢叙幽情。最后将各人的诗作汇集成册，由王羲之写了一篇千古流芳的《兰亭序》。

然而今天，"曲水流觞"雅集的心灵共振诗意共栖的化境再也不会有了。多人聚餐席上，最难找到共识美的话题。我把这个饭桌上的谈话现象叫作"形而下沉降"，无奈的乏味的"沉降"。

麦哲伦证明的"非圆"

跨文化误读的双盲悲剧

信息中摄取极小一部分（即施行信息割据），这就使得个人间形成不同价值判断的"微跨文化"差别的现实。

晋代书圣王羲之，其创意了得的"曲水流觞"酒宴，是一个千古佳话。朋友们在天朗气清、惠风和畅的园林里，坐在一股清澈的流水边，酒盏就漂浮在流水之上。朋友们各自拿起漂到自己身边的酒杯，畅饮吟哦，欢叙幽情。最后将各人的诗作汇集成册，由王羲之写了一篇千古流芳的《兰亭序》。序言描述的氛围是："虽趣舍万殊，静躁不同，当其欣于所遇，暂得于己，快然自足，不知老之将至。"这就是说，意趣情操殊异的朋友们在这兰亭，都能共时同美，快然自足，抒发人生的感怀。

然而今天，"曲水流觞"雅集的心灵共振诗意共栖的化境再也不会有了。多人聚餐席上，最难找到共识美的话题。因为价值多元，因为价值内隐，因为出现了"微跨文化"现象。王羲之酒宴上的朋友们虽有性格情趣的差别，但价值是趋同的，是同文化下的分别。现在聚会的人各怀多元价值，开口就会争鸣，实在恼人。找来找去，"食色，性也"等形而下话题成为最佳选项。席间谈舌尖上的美味，谈有关性的染色段子，倒能取得众乐乐。食色的价值标准本由生物学的基因决定，就如孟子所指出的，人类的感官在这些方面有同美。还有，谈比赛体能的体育，也是投机的好话题，因为体育比赛的判定标准确定无误，排除了任何内隐性的价值误读。倘若有位不识时务者口吐莲花，吐出个什么哲学、神学、政治学等形而上话题来，那就麻烦了：要么"话不投机半句多"，要么争论得"春花秋月何时了"！

我把这个饭桌上的谈话现象叫作"形而下沉降"，无奈的乏味的"沉降"。人们难有古人相聚感悟人生的快意自足，而是倍感在热热闹闹的人际交流中的强烈孤独感。

　　人类既是个体生存物，也是群体社会生存者，没有知音的心灵共振是不能忍受的。知音在哪里？现代人比古人更为慨叹：人生得一知己难矣！

丹尼自主设计了
去天国的程序

在荷兰采访第一批合法的自主安乐死者

黑色之行

我坐在从法国巴黎开往荷兰阿姆斯特丹的"欧洲之星"快车上，脑海中涌动着黑色的意识流。

今晚（2001年4月10日）23时18分，我要去参加一位荷兰朋友的安乐死告别式：将要亲眼看见医生如何"杀死"处在大痛苦中的朋友的全过程！我将要在一个精确的相约好的时间、地点里，与这位名叫丹尼的朋友生离死别！

从未阅历过的新阅历。这将会是什么感受、什么滋味？

车窗外，所谓"新世纪第一个春天"的春讯，刚被两旁的迎春花用亮丽的金色表达出来，而我此行，却是金色夹道中的黑色之行。

涌出存在主义思想家海德格尔说的一句话："人是一种奔向死亡的存在。"

丹尼只有几个小时的"奔向"了。

我的心律不禁紊乱了起来。

之所以造成我此时空前复杂的感觉，还不单单是我要目击朋友的安乐死，更严重的是，这是一次我早图谋好的有目的的工作采访，万万没想到，我居然会把朋友的死亡过程作为采访对象！

回想起来，我这个"黑色企图"，应该说是从 2000 年 11 月荷兰议会下院通过"安乐死法案"时就开始了。

2001 年 4 月 10 日，是一个会被人类历史记住的日子。这天，荷兰议会上院通过了 2000 年 11 月下院通过的"安乐死法案"，凡经两院都通过的法案立即开始生效，这就使得荷兰成为全球第一个实现"合法安乐死"的国家。

从此，世界 60 多亿人类中的 1700 万荷兰人，破天荒地获得了一项法定权利。如果生命真到了不可逆转地正被死神拉去的时刻，而且每一秒钟都在经受着身心巨大痛苦之时，那么，法律将允准他（她）自主地选择安乐死，他（她）有权要求医生，对自己进行"仁慈的杀害"，画上一个"尊严死"的人生句号。

我从今天的网上看到，全球赞同安乐死的人们，发出一片赞扬，非常高调地称这是荷兰人成功的"黑色革命"，彻底的"死亡革命"！

是啊，人，永远不可能自主地选择什么方式出生；然而，荷兰人却破天荒地让人有自主地、体面地选择寿终正寝方式的权利！

有人也许会感到奇怪：作为在巴黎华文报纸当记者的我，为什么不是坐早上头班飞机赶去荷兰首都海牙荷兰议会上院抢新闻？而是现在缓缓地坐火车前往阿姆斯特丹？

其实，去年的 11 月 28 日，那才是世界各主要媒体赶到荷兰海牙下院门前大抢新闻的日子。因为那天，荷兰议会下院以 104 票对 40 票通过了"安乐死法案"，使得荷兰将肯定成为第一个合法安乐死的国家。不错，按照荷兰宪法，下院通过的法案还要经过上院通过才能生效，但是下院以压倒性多数通过，表达出了广泛支持的民意，再到上院去表决不过是走过场了。

果然不出人们所料，上院以 46 票赞成、28 票反对、1 票弃权顺利通过。今天上午的海牙，就没有出现像去年那样全球数十家大媒体记者在那里喧嚣、骚动、亢奋的场面。倒是出现了"上帝在说'不'"的大场景：在议会上院外面，有 10000 多人反对安乐死法案的示威者，在那里不断地祷告、唱圣歌和读圣经。他们主要是宗教人士。荷兰全国的基督教学校，特意在 4 月 10 日（今天）放了假，让学生去参加示威。虽然示威者承认他们只是荷兰人中的少数，但毕竟说明了，即使在荷兰，已经在明里暗里折腾了 20 多年的安乐死试验，也还仍然有人激烈地反对。

何况全人类全世界？

这么说来，我此行正在抓住一个人类的还会争议很久的人的最后的人权——"死亡权问题"。

△

虽然我早有图谋采访第一个合法安乐死的荷兰人，但是我万万没有想到被采访的竟然会是我所认识的朋友！

海德格尔："人是一种奔向死亡的存在。"
丹尼自主设计了去天国的程序
在荷兰采访第一批合法的自主安乐死者

去年荷兰议会下院通过安乐死法案之后的第二天，我就拜托荷兰的一位画家老朋友尼古拉，请他从那时开始，务必帮忙寻找采访安乐死的对象，在未来荷兰议会上院通过并使安乐死法案生效之时，我能在法案生效的"第一时间"里赶到荷兰，采访到第一个，或者起码是属于第一批的合法安乐死的荷兰人。

我知道，这是给朋友出了个天大的难题。首先，即使是患上绝症的人的死期，也是难以精确确定的，何况荷兰上院讨论的时间并没有确定，这两个不确定，怎么可能预约好确定的采访对象？

还有，比这更难的是，谁在临终时愿意让人采访？哪个家庭会在巨大悲痛的时刻同意插进来一个非亲非故的陌生记者？

可是尼古拉居然办到了！

他在前天（4月8日）晚上来了个让我悲欣交集的电话：

"告诉你一个既好亦坏的消息，你托我的事儿办成了。我已经得知荷兰议会上院于后天表决安乐死法案。获得通过是不会有意外的。很巧，我的朋友打电话通知我，她的母亲决定在法案生效的当晚，即4月10日23点18分，在自己家里实行'安乐死'，同意请你前来参加，条件是不要照相。"

"啊太好了！"我喊完了马上意识到用词非常不当：通知一个人的死讯怎么可以说"太好了"呢？我立即纠正："不不，我是说尼古拉你真行，谢谢你！请转告你的朋友，我会遵守他们的规定，不照相。"

"我知道，这对你这位巴黎记者来说，能采访到法案生效后的同一天进行安乐死的荷兰人，无疑是个好消息。我不能断定你将采访的人是世界上第一位合法安乐死的人，但是可以肯定是全人类中'头几位合法享受安乐死'的人之一。因为，我们荷兰人口很少，一天之内死不了几个人。

"但是我要告诉你，这又是一个让你吃惊的坏消息：你将要来采访的安乐死者，不仅是我的朋友，还是你的朋友，她是托莱尔的母亲丹尼！"

"什么？！是托莱尔的母亲丹尼？"

"是的，是托莱尔的母亲丹尼。后天 23 点 18 分，她决定让医生结束她人生最后的大悲剧。咳，用你告诉我的一句中国话说，人生无常啊，前年 11 月你来荷兰采访一个旅美中国画家的画展时，我们还一道去她们家，吃过丹尼特意为你做的荷兰生鲭鱼片和牛肉软卷饼呢……"

我们在电话里都说不下去了。

△△

是的，一年以前我见丹尼还好好的呢。

前年 11 月，一位旅居美国的华人画家，应邀到阿姆斯特丹的苏富比荷兰总部展览。这是画家打开国际绘画市场的重要展览。因为我在欧洲一家华文报纸当记者，并且开了艺术评论专栏，所以他特意给我发了邀请。但是对我而言，这是欧洲多如繁星似的画展中的一个平常画展，我对是否前往尚未做出决定。

就在这时，我又接到这位著名的旅美华人画家的电话，他告诉我发生了一个在西方国家十分罕见的展览事件。他说，他有一幅描绘

"二战"侵华日军在南京大屠杀的巨幅油画作品，本是这次商定好了的展览作品，可是在布置展厅的前一刻，苏富比展览部主任托莱尔女士通知他，《南京大屠杀》这幅作品不挂了！理由是他们有"不便告知的难处"。托莱尔还告诉画家，这幅画已经妥善保管起来了，展后奉还。画家不愿意和苏富比闹僵，没有以撤展抗议，而是在据理力争无效之后就默认了。但是，画家把这个事件广而告知了新闻界。我是被告知的在欧洲的中文媒体之一。我很惊讶而且好奇：怎么会在全球著名的艺术拍卖公司苏富比发生这等怪事？到底个中奥妙是什么？

我匆匆赶去了荷兰。

就在这次采访中，我和苏富比展览部主任托莱尔成了不打不成交的朋友。

起初，托莱尔用"不便告知的难处"的外交辞令搪塞我。不管我怎么提问，她都机械地重复那句公司总部规定好了的"台词"回答。我耸耸肩，冷笑了一声，表示了我的不满。但我马上觉得过分，有失礼貌，马上向她说了声"对不起，请原谅"。我解释说，因为我的父亲曾死在日本军指使的汉奸的枪口之下，所以我有些失控。她说"没关系，失陪了"，欲走却又站住了。她迟疑了几秒钟，压低声音，告诉了我"不便告知的"实情：原来是日本驻荷兰大使馆打电话给荷兰苏富比总部要求把"大屠杀"这幅画撤展的，因为苏富比有很多日本大收藏家客户，不便得罪日本，所以……

托莱尔的"良知性泄密"，不仅成了我报的重要新闻，也成了荷兰的新闻热点。我对托莱尔说："以后你可能在苏富比的日子不好过了。"她却一笑说"不在乎"。

△△

　　生活里总会来点偶然性让人惊异一下，很巧，原来她和我的荷兰画家朋友尼古拉也是朋友。根据"朋友的朋友是朋友"的普适定理，当然我和她就升格为朋友了。

　　托莱尔邀请我和尼古拉到她家做客。她家住在一条运河边上的公寓里。尼古拉告诉我，看上去约30左右的窈窕的托莱尔，却是个"单身贵族"，有男朋友，但是他们时兴的是存在主义哲学家萨特与西蒙·波伏娃那种最自由而最浓烈的"分居式的同居"。因此托莱尔和母亲住在一起。

　　那天我初识托莱尔的母亲丹尼。她看上去约60岁左右，北欧人的高个头，有些瘦弱，彬彬有礼，蓝眼睛里充满着对女儿邀请来的客人的热情和善意。在宽大敞亮客厅里最引人注目的是一架打开琴盖的三角钢琴，正在进行着由电脑程序控制着的无人演奏——琴键幽灵般地弹跳着、演奏着。钢琴上摆着一尊柴可夫斯基的小雕像。丹尼自我介绍说是中学的音乐教师，最爱听柴可夫斯基。钢琴正在自动演奏的曲子是柴可夫斯基的著名钢琴曲《四季》。丹尼说，她非常喜欢这个钢琴套曲。柴可夫斯基应约以12个月为题写了13首乐曲，每首都引用俄罗斯诗人的一首诗，拿来作为题诗，音乐和诗融成了大自然每月的风景画。丹尼说，现在是11月，因此她让电脑来演奏第11首——《11月，雪橇》。丹尼轻轻地用英语朗诵了柴可夫斯基引用的尼克拉索夫的诗句：

　　别再忧愁地眺望大道，也别匆忙地追赶雪橇，快些把郁悒的记忆，从你心中打消。

我听了心中一阵涌动，我想，托莱尔一定把我父亲遭日军杀害的往事告诉丹尼了，她在安慰我。我说了声"谢谢"。我深深地记住了那一刻，记住了在柴可夫斯基钢琴曲中丹尼朗诵的神情和语调。

"可是丹尼怎么这么快就……"我想。

△

在接到尼古拉的电话之后，最伤脑筋的是，我该带什么样的最后的礼物去见安乐死的朋友丹尼呢？这是绝对没有任何资讯可查、没有任何人可参谋、没有任何先例可援的。

我在家附近的树林中来回踱步苦思冥想着，看到一株曾被大风吹歪的栎树，突然联想到前年圣诞节前巴黎的一场飓风。那场百年不遇的狂风，把凡尔赛花园中的10000多棵树刮倒了，其中有路易十四国王和拿破仑皇帝亲手栽的极珍贵的"文物树"。凡尔赛宫管理处提出了一个"全球认养10000棵树"的非常富有人文意义的计划书。计划书称，全球任何人只要出资1000法郎就可认养凡尔赛花园中的一棵待栽的树，这棵树就以认养者指定的名字命名，并将写好名字的纸用特制的玻璃瓶子装好埋在树根下。凡尔赛管理处还将发给"认养证书"，根据证书的号码可以在凡尔赛的网站上查到所认养的树在花园中的位置。计划书发表之后，特别是美国的老人，非常踊跃地为孙子辈认养树，以孙子或孙女的名字命名，待他们长大到凡尔赛旅游时去寻找以他们的名字命名的树。想到这里，我立即决定要以丹尼的名字认养一棵凡尔赛花园中的树，让丹尼的生命在凡尔赛花园延续！昨天，我去了凡尔赛管理处办理认养手续，运气不错，还有不多的名额。我拿到了以丹尼命名的认养证书，并画出了"丹尼之树"在花园中的位置图。

我从行李箱里拿出镶在镜框中的"认养证书"，看着丹尼的名字，心中默念着："今晚我要将这证书将这图亲手送给丹尼，告诉丹尼她将在凡尔赛花园中转世了，我今后会常去看望她（它）……"

在悲怆交响乐中移民

下午6时多我就到了阿姆斯特丹。

尼古拉在电话里早和我约好，让我先到他那里用晚餐，然后一起去托莱尔家。半个小时就到了尼古拉画室。他算好了我到达的时间，我进门时他就把咖啡煮好等我了。

在喝咖啡时，我请尼古拉给我讲讲丹尼的病情，越详细越好。

尼古拉说："啊，对不起，详细不了，对丹尼的病情我不可能知道得详细。只是在今年初，大概是圣诞节前一星期，听托莱尔说，她母亲到医院检查，发现得了肝癌，医生说只有半年的寿命了。就这些。"

哦，我怎么一下忘了呢？在西方国家，每个人的健康状况属于个人的隐私，除病人自己有知情权之外，其他人无权询问。因此，医生只会把病情如实告诉本人。如果本人不说，别人是不可以多打听的，即使是丹尼的女儿托莱尔也是如此。倘若医生擅自对病人之外的人泄漏了，譬如法国密特朗总统的医生在密特朗死后写了一本关于总统患癌症过程的书，就被家属告上了法庭，受到了法律的惩处。这和中国的价值观刚好相反：中国医生只把濒危病人的病情告诉家属，所有人都对病人进行"崇高的欺骗"。动机当然是善的，不让病人有心理负担，至死都充满着能康复的"乌托邦"。因此，中国病人死了，到最终也不知道自己真正得了什么病。"难得糊涂"。

"不过，我倒是能详细告诉你，关于丹尼患病的非常痛苦细节，"尼古拉说，"我多次去医院看望过丹尼。我知道丹尼特爱听柴可夫斯基的作品，所以特意给她买了新近录制的世界第一流乐团演奏的柴可夫斯基作品的CD光盘。她很高兴，她还对我说：'尼古拉，谢谢你。我以前对你说过，只有宗教信仰和音乐能让人的精神远离尘世。现在我得了这个病，非常非常痛苦。现在好了，我心中有上帝，加上你给送的柴可夫斯基，我就能远离尘世痛苦了。'可是，这回上帝和柴可夫斯基都没有能帮助她。2月中旬的一天，我又去看她，镇痛药对她也越来越无济于事了。看她不停抽搐而扭歪了的脸，感觉到她痛苦得不得了。已经骨瘦如柴的丹尼，不知哪来那么大的力气，在剧痛时居然把CD小唱机都捏扁了，里面的CD唱片也捏碎了。她接着又把掉出来的CD唱片碎片死命捏进手掌里，插进肉中，鲜血染红了白床单。我吓坏了，立即冲上去掰开她的手掌，并大声呼叫医生……"

尼古拉的眼圈红了。他沉默了一会儿，把我带到一幅画前，说："那天我从医院回来，晚上吃了两次安眠药也睡不着。我的大脑荧光屏上，全是丹尼扭歪了的脸和插进CD唱片碎片的滴血的手……我突然有所冲动，跳下床跑到画室，发疯似的画着，一口气画了这幅画。"

这是一幅向我的眼睛和心发射来原子爆炸冲击波的抽象画。空前的视觉感受。画框上贴了个标题:《痛》。画面中间,由大排笔扭动画出的纵向向上展开的刺眼的红色块。龙卷风?蘑菇云?火山喷发?还是主动脉断裂后飙射出来的红色射流?在这块飞旋的红色中,嵌进去了非常不谐和的很多银白色的尖锐三角。其周围,弥漫着不均匀的蓝底色,上面漂浮着多色彩的各种造型的线条,正在向边缘逃遁。那些紊乱的线条,让人隐隐约约地感到,是倾斜颠倒的十字架,是碎裂的五线谱上的各种音符,它们正被中间旋动着的膨胀着的大块血红,向画框之外四处横扫而去。

我对着画面说:"我解读到了柴可夫斯基无奈的痛!上帝无奈的痛!"我接着问:"你刚才说,2月中旬你去看她就剧痛得不能忍受了,为什么不是在那时实行安乐死而要受罪到今天?昨天我在互联网上看到法新社发的一则消息说,虽然安乐死法还没有正式生效的2000年,可是仅这一年,就有2123个荷兰人实行了安乐死,医生并未受到法律惩处。"

"不错。荷兰议院早在1994年就通过了一个《可容忍安乐死》的法案,医生根据病人的请求,只需要向所在地区的一个监督委员会申报批准,就不追究法律责任。换句话说,只要医生遵循国会所订定的'施行准则'进行安乐死,虽然仍构成违法的'受嘱托杀人',却可以不被起诉。我的一位学法律的朋友还告诉我一个法律专用名词,叫作'阻却违法'(Straflos Lassen)。通俗的意思是不受惩处的违法,可容忍违法。在这以前可麻烦了,为病人施行安乐死的医生要被判12年徒刑,1994年后没事了。的确,丹尼和她的医生早几个月向监督委员会申请是绝对没问题的。可是,丹尼本人没有提出来,这种事是任何人不可能向她提出建议的。"

"丹尼那么痛苦也不赞成安乐死？"

"不，是教会不赞成，她是虔诚的天主教徒。只有我们人类才被许多观念支配着生存，有时候，聪明的人类刻意制造愚蠢的观念来愚弄自己，譬如你们东方古代女人要为亡夫守节终身，要痛苦包脚成三寸金莲以取悦有病态美学的男人。譬如我们的丹尼，要为《圣经》中的某一句话忍受无法忍受的痛苦。"

"后来又怎么提出来的呢？"

"我听她女儿托莱尔告诉我，上个月丹尼所在教会的一位神父去看望她，丹尼对神父说：'我每天都在读《圣经》，知道生命只是一种托管，是神给予我们管理的，我们只有管家的职分，不是拥有生命者。约伯在受苦中说：我赤身出于母胎……收取的也是耶和华。（约伯记2：21）我想了很多天，我现在不可能管理好神赐予的生命了，请求耶和华收回吧。我又想，神创造了我们，也引导人制定了法律，神是承认人的法律的，所以，我想在荷兰上院通过安乐死法案之日合法地安乐死。神父，请告诉我，行吗？'神父看了丹尼万分痛苦的状态点了点头，丹尼微笑，连连微弱地说了三声感谢上帝。——因此，丹尼熬到了今天。"

"哦，丹尼真是太难了。"我说。

"为什么丹尼要准确地决定在今晚23时18分施行安乐死呢？因为丹尼是在这个时间出生的，她在追求一个时间上的圆满：在来到这个世界的准确时分，离开这个世界。"

"为什么要在家里举行？"

"这是我们荷兰人约定俗成的习俗。以前进行安乐死的人都在家中，觉得比在公共的医院里与亲友永别更有人情味。哦，托莱尔让我们这些朋友 20 点到她家。"

△△

尼古拉开车，我们穿越在纵横着很多条运河的波光粼粼的阿姆斯特丹的夜色中。20 点，我们准时到达我前年来过的丹尼－托莱尔家。托莱尔凝重地走过来和我和尼古拉亲脸致意。

先来的亲朋好友都平静地坐着，朝我们微微点头示意。气氛肃穆，但很祥和。

出乎我的意料的是，丹尼没有在卧室中，而是斜靠在客厅里的一张床上，微闭着眼睛，在象征性地迎接客人。

更出乎我所料的是，客厅里没有笼罩着黑色的阴气，灯光很亮，放满了鲜花，那是各种颜色的郁金香。

三角钢琴没有像我上次来时那样打开，也没有用电脑进行无人演奏。它沉默着。琴盖上放着丹尼的一幅很大的彩色照片。

从客厅一侧的飞利浦牌音响中，传来令我非常惊诧的柴可夫斯基的《第一钢琴协奏曲》。此时此地此情境怎么会选放这首乐曲？这是柴可夫斯基大型作品中最开朗、最欢乐的一部，完全没有柴氏作品中的主流主题——厄运的袭击、命定灭亡的情绪，基调是那样愉悦和光明。（后来，托莱尔告诉我，环境的布置、音乐的选择、永别的程序全都是她母亲决定的。）

还有一个"布景"让我琢磨不透：在丹尼面对着的那面墙上，我记得原是挂着仿制凡·高的《教堂》的一幅印刷品，可今天被一块很

69

大的白色塑料布覆盖上了。这是干什么？

此刻我什么都不便去问。

我拿出镶嵌着凡尔赛花园"认养树证书"的有机玻璃镜框，走向斜靠在黄色枕头上的丹尼，向她讲述了写着丹尼名字的这张证书的来龙去脉。

我又郑重其事地展开一张凡尔赛花园的园林示意图，指着图上的一棵树说："丹尼，这棵树是以您的名字命名的，您将在凡尔赛花园转世，我会经常去看望这棵树——看望您。"她睁开了眼睛，看着图上写着"丹尼"的那棵树，再把眼光停留在证书上的"丹尼"，嘴角露出了笑意，本来灰暗的眼睛突然泛出了亮光——那是泪光，她艰难而清晰地对我说："谢谢……我真的很高兴……您给了我最后的欢乐……没有想到……一生中最喜出望外的礼物……最后的也是最好的礼物……"

丹尼让托莱尔把"认养证书"的镜框放到三角钢琴上的她的照片旁边，她嘴角挂着笑意轻轻地念着："转世到凡尔赛……"

辉煌的《第一钢琴协奏曲》结束了。换了音乐。阴沉的引子充满沉思和叹息，我一听就知道，是柴可夫斯基的第六交响乐《悲怆》。这是柴可夫斯基用毕生的心血写成的。由他指挥首演10天后他就与世长辞了。因此音乐史家称《悲怆》是柴可夫斯基最后的"天鹅之歌"。现在开始播放这部交响乐我知道意味着什么。丹尼的"天鹅之歌"开始了，生命进入精确的倒计时。我的心发紧，心律又是一阵紊乱。

在交响乐声中，丹尼对面墙上的那块白色塑料布突然亮了起来，放映丹尼的生平照片：母亲怀中的丹尼，3岁弹钢琴的丹尼，第二次世界大战战乱中的丹尼，穿着婚纱的丹尼，在音乐课堂上的丹尼，在地中海度假护着托莱尔游泳的丹尼……直到病床上的丹尼。

《悲怆》进入了第四乐章，柴可夫斯基故意破坏了交响套曲的古典规范，终曲不再是贝多芬式的英雄性快板，而是低沉浑厚的慢板，渐行渐远地行进着。主部主题，以悲哀叹息的音调、不稳定的和声、弦乐组交错的声部，组合成令人心碎的音响。副部的三拍子旋律虽然也染上了悲哀的色调，但还是充满了对生命的眷恋，充满了人间的温情，并且在高潮的地方还发出了孱弱的对死亡的抗争。然而，抗争是徒劳的，只会造成更巨大的痛苦，于是主部副部一起缓缓地平静地结束在冰冷的终点。

接着，圣歌响起了：丹尼的教友们在合唱起巴赫－古诺的《圣母玛丽亚》。在圣母颂中，播放丹尼早就录好的录音。事后我听托莱尔说，那是美国作家奥格·曼狄诺（Madino）的一篇散文《假如今天是我生命中的最后一天》。这是她病后在互联网上读到的，她很喜欢，拷贝到电脑里，然后对着录音机录了下来。

丹尼的浸在病痛中的声音流——

假如今天是我生命中的最后一天。

我要如何利用这最后、最宝贵的一天呢？首先，我要把一天的时间珍藏好，不让一分一秒的时间滴漏。我不为昨日的不幸叹息，过去的已够不幸，不要再赔上今日的运道。

时光会倒流吗？太阳会西升东落吗？我可以纠正昨天的错误吗？我能抚平昨日的创伤吗？我能比昨天年轻吗？一句出口的恶言，一记挥出的拳头，一切造成的伤痛，能收回吗？

不能！过去的永远过去了，我不再去想它。

假如今天是我生命中的最后一天。

我该怎么办？忘记昨天，也不要痴想明天。明天是一个未知数，为什么要把今天的精力浪费在未知的事上？想着明天的种种，今天的时光也白白流失了。走在今天的路上，能做明天的事吗？我能把明天的金币放进今天的钱袋吗？明日瓜熟，今日能蒂落吗？明天的死亡能将今天的欢乐蒙上阴影吗？我能杞人忧天吗？明天和昨天一样被我埋葬。我不再想它。

今天是我生命中的最后一天。

这是我仅有的一天，是现实的永恒。我像被赦免死刑的囚犯，用喜悦的泪水拥抱新生的太阳。我举起双手，感谢这无与伦比的一天。当我想到昨天和我一起迎接日出的朋友，今天已不复存在时，我为自己的幸存，感激上苍。我是无比幸运的人，今天的时光是额外的奖赏。许多强者都先我而去，为什么我得到这额外的一天？是不是因为他们已大功告成，而我尚在旅途跋涉？如果这样，这是不是成就我的一次机会，让我功德圆满？造物主的安排是否别具匠心？今天是不是我超越他人的机会？

今天是我生命中的最后一天。

生命只有一次，而人生也不过是时间的累积。我若让今天的时光白白流失，就等于毁掉人生最后一页。因此，我珍惜今天的一分一秒，因为它们将一去不复返。

我无法把今天存入银行，明天再来取用。时间像风一样不可捕捉。每一分一秒，我要用双手捧住，用爱心抚摸，因为他们如此宝贵。垂死的人用毕生的钱财都无法换得一口生气。我无法计算时间的价值，它们是无价之宝！

今天是我生命中的最后一天。

我憎恨那些浪费时间的行为。我要摧毁拖延的习性。我要以真诚埋葬怀疑，用信心驱赶恐惧。我不听闲话，不游手好闲，不与不务正业的人来往。我终于醒悟到，若是懒惰，无异于从我所爱之人手中窃取食物和衣裳。我不是贼，我有爱心，今天是我最后的机会，我要证明我的爱心和伟大。

今天是我生命中的最后一天。

今日事今日毕。今天我要趁孩子还小的时候，多加爱护，明天他们将离我而去，我也会离开。今天我要深情地拥抱我的妻子，给她甜蜜的热吻，明天她会离去，我也是。今天我要帮助落难的朋友，明天他不再求援，我也听不到他的哀求。我要乐于奉献，因为明天我无法给予，也没有人来领受了。

今天是我生命中的最后一天。

如果这是我的末日，那么它就是不朽的纪念日。我把它当成最美好的日子。我要把每分每秒化为甘露，一口一口，细细品尝，满怀感激。我要每一分钟都有价值。我要加倍努力，直到精疲力竭。即使这样，我还要继续努力。今天的每一分钟都胜过昨天的每一小时，最后的也是最好的……

客厅里的电灯渐暗，在丹尼的周围点燃了和丹尼年龄相当的72支蜡烛。丹尼睁开了眼睛，嘴角挂着笑意，艰难地抬起放在胸前的右手，微动着手指向大家挥手告别。亲友们也向她无言挥手。丹尼按了手边的按钮，一位穿着洁白大褂的女士从一个房间出来，提着一个盒子，走到丹尼床边，微笑着，向丹尼微微挥手致意。然后坐下来，拿出注射器……

《圣母颂》在进行着……

丹尼的录音《假如这是我生命中的最后一天》在播放着……

白衣女士拔出针头时，丹尼的头侧向一边。

她安详地长眠了。

客厅里的时钟正在 23 时 18 分的位置上。

在丹尼来到这个世界上的时刻，丹尼走了，在柴可夫斯基《悲怆》交响乐中走了，在巴赫－古诺的《圣母颂》中走了，在她自己朗读美国作家的散文声中走了，她微笑着移民到她的天国去了。

这是丹尼自己设计的去天国的程序，一个空前的自主画下的人生审美句号……

多元精神迷宫

失去二值判断的当代人之无穷纠结

姗姗来迟的"多元文化主义"

人之初，大约在 7 万年前，当今人类的直系祖先智人走出非洲，散布到世界各地。那时肯定没有什么"主义"，只是由于生态迥异，自自然然地呈现出了多元：多元的部落，多元的神，多元的洞穴岩石绘画，多元的祭奠仪式，多元的衣食住行生活方式……这种地理隔离式的老死不相往来的多元，在时间轴上延展得很长很长。

后来，到了 3000 多年前，西方希伯来人的《圣经》揭橥罢黜人类原始信仰中普遍存在的万神，提出只能独信上帝的一神论。2000 多年前东方西汉的董仲舒，第一个起来反对中国春秋战国时期形成的多元百家，主张"罢黜百家、独尊儒术"。独信、独尊、独裁，为世界大多数人建立了一个精神与制度的一元秩序。再后来，哥伦布开创的地理大发现时代所形成的世界性殖民，又增加了"西方中心"的新一元论。

一直要到 1988 年，美国斯坦福大学的少数族裔教师和学生提出课程改革，在美国引发了一场"文化战争"，这时才正儿八经弄出了个抗衡"一元文化主义"的"多元文化主义"（multiculturalism），霎时成了风靡世界的显学。

区区的课程改革怎么会点燃国家层面上的"文化战火"呢？因为，斯坦福大学少数族裔要改的是学校的核心课程"西方文化"，其诉求是承认各种文化的差异以及各种文化的等价。在美国，这可触动了社会秩序的命根子。它挑战了以 WASP（美国信奉新教的盎格鲁－撒克逊白人，即 White Anglo-Saxon Protestant 的简称）为代表的一以贯之的主流文化，它颠覆了欧美文化中心论、白人男人价值中心论，它解构了所有权威那般无可争议的话语权。当斯坦福大学把"西方文化"改成"文化、思想、价值"（Cultures Ideas and Values，CIV）时，时任教育部长贝奈特在电视上愤怒谴责曰："一所伟大的学校（指斯坦福大学）被无知识、非理性和恐吓性势力压迫到低劣的层次！"新保守主义理论家艾伦·布卢姆的惊呼如丧考妣："多元文化主义在课程设置中砍掉西方经典，换上非经典及女性作品，是对美国传统精神的肢解！是对美国文化基础的破坏！是对美国文明的嘲弄！"然而，青山遮不住，毕竟东流去，"多元文化主义"独步三界，繁衍出了无穷的多元：价值观多元，道德标准多元，生活方式多元，授课语言多元，婚姻形式多元，家庭模式多元，性行为多元……

就在那个年代，我作为中国作家代表团的成员访问了斯坦福大学。

1988 年，美国斯坦福大学提出课程改革，
在美国引发了一场"文化战争"，催生了
"多元文化主义"（multiculturalism）。

多元精神迷宫
失去二值判断的当代人之无穷纠结

校园中的罗丹名作《加莱义民》

多元精神迷宫
失去二值判断的当代人之无穷纠结

有位读过我作品的中国留学生非常热情，他主动提出带我去参观校园。

我们先去看了由罗丹模具翻铸出来的《加莱义民》雕塑，自然让第一次看到罗丹原作的我惊叹不已。接着带我经过一个小广场，看到了由两男、两女依偎着的艺术粗陋的同性恋雕塑，这回却是让我惊愕不已了！

我问："斯坦福是美国乃至世界的大名校，怎么放置这样的雕塑呢？姑且不论同性恋的好坏，就雕塑制作水平之劣质，也太给你们学校丢面子了！"

留学生说："这个雕塑是我们学校同性恋师生做的。校方曾毁掉过，立即引发了校内外很大的抗议浪潮，只好妥协复原。我们学校同性恋者太多。我们近旁的旧金山市是同性恋的大本营。竞选旧金山市长的人如果不公开宣布支持同性恋，很难当选。"

"啊？！"我懵了。

没有二值判断的同性恋问题

那时的我，评判同性恋，如堕五里雾中。

在来斯坦福之前，我曾被美国大名鼎鼎写《嚎叫》的诗人艾伦·金斯伯格邀请到他的纽约住家做客。我看到他家里有个"男夫人"，心里很不是滋味。这次在斯坦福同性恋雕塑前又一次被强化，渴望着问个究竟。通过留学生的帮助，我求教了两位斯坦福学者——一位是哲学教授，一位伦理学教授。

我的提问是个二值判断式的："请问，你们认为同性恋对社会是有益还是有害？"

两人的回答出乎我的意料，他们完全避开了"好与坏"的判断，滔滔不绝地只对我讲同性恋者的特点。

两位学者平静却自信地轮流道来——

"听说中国来的留学生，无论是大陆还是台湾香港来的，他们租房子时都喜欢找同性恋房东。他们说同性恋者很有善意，而且房租公道。为什么？不知道。

"现在世界人口爆炸，前景堪忧，而同性恋者绝不会给人类增添这方面的麻烦。

"遗传生物学告诉我们，男人的染色体是 XY，女人的染色体是 XX。如果男人的染色体中多了一个 X，就会是'娘娘腔'。倘若女人的染色体中增加了一个 Y，就会是'假小子'。这些染色体异常者都会有同性恋倾向。这两类人在人类中有一定的比例，因此自古至今都有同性恋者存在。

"从人体生理学的'子宫效应'切入，1982 年加拿大多伦多大学雷·布兰查德有个惊人的研究结果：如果一个男子的哥哥很多，这个男子成为同性恋的概率很高。男性胚胎在母亲体内引起的免疫反应一胎比一胎强。这个反应会与决定性取向的男性胎儿的下丘脑前部脑细胞表面蛋白相互作用。到怀孕这个有很多哥哥的小弟时，母亲强免疫反应抗体与胚胎的下丘脑前部脑蛋白分子结合，就会改变性取向，往后这个小弟会对男性更喜欢而成为男同性恋者。

"从社会学角度来说，有些同性恋者是在异性恋遭到严重挫折之后转向同性恋的。弗洛伊德之后，西方掀起了一场性革命，性能力被认为是人的最重要的能力之一。在西方，人们能容忍你骂他笨，但决不容忍你骂他'性无能'。那些被异性恋对象看作'性无能'而高度自卑的人，一旦转向同性恋，性行为的方式变了，就不会有这样的焦虑了。

"康德在政治哲学里论述到，个人的权利或者说自由，要以不妨碍他人的自由为前提。同性恋者是自愿自主的选择，这种选择不妨碍他人的自由。

"性学家还告诉我们，人最熟悉自己的身体，因此同性恋的性行为快感往往比异性恋更强烈。

"进化论称，生命进化到两性繁殖才展开了生命无穷的多样性。因此，异性'恋'是生命界物种繁衍的根本策略，同性恋现象在除人类之外的生物界极为罕见。"

……

两位教授从诸多学科切入，解析了同性恋，洋洋洒洒，各种立论都有理有据，但就是不肯做出同性恋是好还是坏的判断来。

好生纠结了得！

然而，我却在沮丧中突然省悟：如果说斯坦福大学的课程改革所内含的多元文化主义是要求消除文化歧视的政治诉求的话，那么，斯坦福两位教授在讲述同性恋时的多元判断却与讲述者的利害无关，而是当代越来越多的多学科所导致的思考混沌之必然。不仅是同性恋问题，当下在论述任何一个问题时，都可以从多种学科切入得出种种学理充足的判断，而这些判断却又相互抵牾，无法做出传统的好还是坏、真善美还是假丑恶的二值论断。

这年头如果有人发表见解时，语调是那么斩钉截铁，感觉是掌握着无可争辩的真理，"文胆儿"特大，那么，没有别的解释，因为他知道得不多。

妙哉！区别于人之初的地理隔离式的多元，如今是多学科孕育的"科学多元"。我当然礼赞多元，多元是对现代人精神的彻底松绑。幸运的现代人从里到外荡漾着"解放的快感"：个人空前自在了，审美空前丰盛了，创造力空前爆发了……

然而，当我又一次去了美国，这种"多元快感"却受到了负方向的巨大撞击，快感变成了不快感。

一位美国朋友带我游旧金山金门大桥时告诉我，这里是著名的自杀者"一跳自了"的大桥。在桥栏没有装上高防护网之前，每周都会有多个美国公民从这里以一跳画上人生的长长的惊叹号。不言而喻的常理是，跳下去的人是那些活不下去的底层穷人。然而统计数字却给出了截然相反的结论：从金门大桥跳下去的人，其比例最高的是主流社会的白人男人（WASP），而处于美国社会最底层的黑人及黑人妇女却比例最小。

接着这位朋友带我到她的母校加州大学伯克利分校去游览。在那里她指着一座钟楼告诉我，这是该校有名的自杀钟楼。那么，跳下来的起码是考上世界第一流大学的本科生——有着锦绣前程的天之骄子。

我不无好奇地问：究竟是怎么回事？

她淡淡地丢了一个全称判断给我：现在这个世界，懂得越多的人活得越难受。

接着来了个振聋发聩：这全是多元价值多元文化作的孽！

她还套用并改装了黑格尔的一句话：在这多元的时代，任何一件最混账的事，如果找不到一百条最有学术性说服力的理由为它辩解的话，那就不算是"多元人"！

是吗？我又堕入五里雾中。

诺贝尔会不会以头撞棺材板？

我旅居法国生活得越久，对"懂得越多的人活得越难受"这句话越有认同感。

就说说2009年奥巴马获诺贝尔和平奖的争议吧。

在宣布奥巴马获奖之后，多元世界沸腾了，批评的、拥戴的、讽刺的、赞美的，都找到了最雄辩的理由，让旁观者一头雾水。

其中最有意思的，还是被称为互联网上最大的UGC（用户提供内容）新闻网站——《赫芬顿邮报》网站——发表了一名奥巴马支持者所写的困惑文章。作者写道："当我今天凌晨打开CNN看到他获得诺贝尔和平奖的时候，我陷入怀疑。现在颁给什么还没做的奥巴马和平奖，就像将奥斯卡奖项送给一名年轻导演，只是因为这个导演计划要拍的电影；就像把普利策奖颁给一名第一次出书的作家，只是因为这名作家可能要写出一部好书。诺贝尔委员会的这个决定是一种冒犯，无疑诺贝尔在棺材中也会以头撞棺的！"

我们就接着他的话来一番猜想：若诺贝尔真的在九泉下有知，他会不会因为奥巴马获和平奖难受得要用头来撞棺材板？

我们想象，诺贝尔在索拉纳教堂墓地突然被多元世界的喧嚣吵醒了。当他知道是因为 2009 年和平奖人选引起争论时，马上翻看了他立下的遗嘱："和平奖应该奖给为促进民族团结友好、取消或裁减常备军队，以及为和平会议的组织和宣传尽到最大努力或做出最大贡献的人。"诺贝尔叫来了挪威评委们，问他们有没有违背遗嘱操作。评委会主席亚格兰斩钉截铁地回答是根据遗嘱评选的："奥巴马获奖的理由是，他为增强国际外交及各国人民间的合作做出非同寻常的努力，尤其是他提出的无核世界理念及其为此所做的工作。"

诺贝尔点头。但他马上听到闹哄哄的批评声音。诺贝尔问："既然是按遗嘱评的，为什么世界上最有影响力的媒体，譬如英国《泰晤士报》、美国《纽约时报》《时代周刊》、西班牙《世界报》等都异口同声在说'令人吃惊''为时过早'呢？法国的法新社还报道波兰 1983 年诺贝尔和平奖得主莱赫·瓦文萨说：'谁？奥巴马？这么快？太快了——他还没有时间做出任何事情。'你们是不是发奖发早了？"

评委会立即申辩说："不早。与其说把奖颁给奥巴马是对他成绩的肯定，不如说是我们对奥巴马政府未来的'信任投票'。后来的事实证明这个'信任投票'是正确的：在奥巴马主导下，成功地与俄罗斯签订了《削减和限制进攻性战略武器条约》，于 2011 年 2 月 5 日正式生效，为奥巴马提出来的'无核世界'迈出了坚实的一步。"

诺贝尔对"信任投票"的说法还是有疑惑，可马上就听到了当时的世界各国首脑在为奥巴马祝贺。法国总统萨科齐说"奥巴马总统获奖，他再一次获得了世界人民的心"。他还夸赞"奥巴马在人权、公正和和平方面，与诺贝尔本人一样有着坚定的决心"！诺贝尔听了很欣慰，奥巴马原来是与他一样的人。接着是意大利总理贝卢斯科尼表示他和

若诺贝尔真的在九泉下有知，他会不会
因为奥巴马获和平奖难得要用头来撞
棺材板？

多元精神迷宫
失去二值判断的当代人之无穷纠结

内阁成员对奥巴马获奖"击掌祝贺",菲律宾总统阿罗约则说奥巴马获奖"当之无愧",欧盟委员会主席巴罗佐祝贺奥巴马获奖,认为其将"激发人们对建立一个更安全的世界的期望"……

诺贝尔在这一片高端人物的赞美声中树立起了对奥巴马的好感。然而马上又听到一片怒斥声:"诺贝尔先生你可知道,在宣布奥巴马获得诺贝尔和平奖之时,这个总统在指挥打着伊拉克、阿富汗两场战争。当他要前往奥斯陆领奖前的9天,他又决定向阿富汗增兵2.1万以扩大战争,这是什么和平奖? 应该是'诺贝尔暴力奖'!"怒斥的是阿富汗塔利班的发言人,还有南美洲的委内瑞拉总统查韦斯也在附和,说奥巴马是"战争总统"。

诺贝尔惴惴不安地急问:"有这等事吗? "

奥巴马用在颁奖典礼上的演讲作了崇高而庄严的解答:"我是一个正打着两场战争的国家的三军统帅。"奥巴马一点儿也不回避,坦然应承。可是他雄辩:"一场非暴力运动不可能阻止希特勒的军队。谈判不能说服基地组织的头目放下武器。"他又说:"我认为,基于人道理由的武力是正当的,例如在巴尔干地区或饱经战乱的其他地区。不采取行动不仅折磨我们的良心,还会导致未来以更高的代价进行干预。"奥巴马在列举了美国60多年来对维护世界和平与保护人类人权所付出的牺牲后得出结论说:"战争的手段确实在保卫和平中具有作用。"

由日本"电影天皇"黑泽明导演、在1951年威尼斯影展上获得金狮奖的哲理影片《罗生门》,讲的是每个人为了自己的利益而编造谎言,令审判者真假难辨;而诺贝尔遇到的问题更头痛,每个陈述人讲的不是谎言,但就是得不出"该不该给奥巴马发和平奖"的起码让自己信服的判断。诺贝尔的神情恍兮惚兮焦虑失语，还真说不准他会不会用头撞击棺材板呢。

有走出迷宫的线团吗？

让我们飘逸逍遥、活力四射的多元文化主义，却同时又是让我们难受难堪的钻不出去的精神迷宫。

有人会说："很多说不清的事情不去较真不就得了吗？'天下事了犹未了，何妨以不了了之'嘛，这有什么可难受的？"

可是，人是绝对需要二值判断支撑所有行动的动物。人的任何选择，从买一本书到选择情侣，都得理清楚好、坏、利、弊才能做出决定，不然你就是个白日梦游人，是个需要找精神医生治疗的人。

欧洲古堡中的绿树迷宫是个好玩去处；但古希腊神话中的弥诺陶洛斯牛头怪迷宫就是灾难的隐喻了。古希腊神话中说，克里特岛上有个米诺斯国王为儿子弥诺陶洛斯牛头怪修建了一座迷宫。米诺斯国王每9年就要强迫雅典人进贡7对童男童女到迷宫来供牛头怪食用。在第三次进贡的时候，雅典一位名叫忒修斯的童男主动报名，带着抽中签的其他童男童女来到克里特。忒修斯意外地得到钟情于他的克里特公主阿里阿德涅的帮助。公主给了忒修斯一个线团，让忒修斯把线头拴在入口处，带着线团放着线进去见牛头怪。公主还给了一把能战胜牛头怪的利剑。忒修斯按照公主的计划走进迷宫杀掉牛头怪后，又循着线头走出了迷宫。

那么，有没有公主给我们钻出精神迷宫的"线团"呢？

没有。我们在太多剪不断理还乱的时刻，只能甩出一句狠话："我喜欢！"但这不是"线团"，是无奈地对自己施行的"精神暴力"。

不过，宗教信仰似乎给了人们"线团"。在那里清楚观察到，人们只要对照《圣经》、佛经、《古兰经》等经书，很容易做出天地万物万事的二值判断：凡符合神谕为正确，反之亦然。他们穿越现代精神迷宫如同熟路。也许正因为这，在这自然科学隆盛的今天，信仰超自然的神的人占着人类的大多数。不过，能否真的钻出精神迷宫，还取决于你不管科学家告诉你什么与神相左的理论，你都能屏蔽干扰，保持对神的存在绝对地虔诚信奉。练就这等功夫也难。

出不了迷宫，也许是当代人的精神宿命。

"迷宫"成"子宫"

我不认宿命，依然憨憨地在迷宫里像豚白鼠那样乱钻着找出口。经历困顿又困顿、沮丧又沮丧，忽然开悟：钻"精神迷宫"莫非是上苍赐福于我？也许是孕育新艺术流派的"子宫"？

判别是否开创了艺术的新流派，公约出了两个标准：一、要么发现了一个人类感知世界的方式；二、要么开拓出人类认知世界的新意义空间。

公主给了忒修斯一个线团，让忒修斯把线头拴在入口处，带着线团放着线进去见牛头怪。公主还给了一把能战胜牛头怪的利剑。忒修斯按照公主的计划走进迷宫杀掉牛头怪后，又循着线头走出了迷宫。

那么，有没有公主给我们钻出精神迷宫的"线团"呢？

多元精神迷宫
失去二值判断的当代人之无穷纠结

要达此标，不是仅靠人杰，还要靠"天时"，或者说"子宫"。譬如，19世纪发现人类新感知方式的法国印象派，就与"天时"有关。文艺复兴时期的绘画，画的是固定光源下的"固有色"，红是标准红，蓝是标准蓝。莫奈等一批开创新流派者，在室外写生时，发现了新的感知方式——日光光照下的"条件色"，它瞬息流变，而且，环境多种反射色会重叠，红不一定是红，蓝不一定是蓝。这个发现来自于当时光学的新成就。光学新成果就是促成印象派诞生的"子宫"。再譬如，开现代主义先河的表现主义文学，诞生在工业革命给人类带来洪流般的物质财富，可是人却被异化了，异化成为卡夫卡《变形记》中的甲虫，成为卓别林在《城市之光》中扮演的拧螺丝的工人，成为荒诞派《椅子》中的主人。"工业革命"的"子宫"，孕育现代主义艺术家开拓出了人类认知世界的新的意义空间。

"多元精神迷宫"是崭新的(当然是空前的)信息文明构筑起来的。若问：在此迷宫里的人类，有什么新的感知世界的方式？有什么认知世界的新意义发现？倘若我能描绘自己以及我的共时性同类，在钻迷宫时的新"人性域"，或者说"人性的新边疆"，岂不把"多元精神迷宫"变成孕育独树一帜的新艺术的"子宫"了？

阿门！但愿不是痴人说梦！

移民文化

具有极多创意因子的双螺旋链

巴黎三空间

在巴黎，可看到三个发人深省的"移民空间"。

在巴黎老歌剧院近旁的旺多姆广场，有拿破仑用奥茨特里兹战役俘获的大炮熔铸的记功柱，有肖邦的故居，有各国政要、明星下榻的丽兹大酒店。就在这个最高档的地点，犹太移民在这里经营着大牌珠宝店，卖着法国奢侈品中的"奢侈之巅"。英国王妃戴安娜，车祸前吃的最后的晚餐就在丽兹大酒店，她的情人小法伊德送给她的20多万美元的珠宝，就在近旁犹太人的珠宝店选购的。

91

巴黎歌剧院近旁的旺多姆广场，有拿破仑记功柱，有肖邦的故居，有各国政要、明星下榻的丽池大酒店，有犹太移民经营的大牌珠宝店，卖着法国奢侈品中的"奢侈之巅"。

移民文化
具有极多创意因子的双螺旋链

在巴黎 19 区、13 区，那里有一个挨一个的中餐馆和充斥中国货的小超级市场，店主都是中国移民。

在大巴黎郊区，某个树林边的空旷地上，有多辆汽车拉着的"大篷车"进驻，来者不是自助旅游的游客，而是居无定处的吉卜赛移民。

发现什么了？巴黎三空间，感性显现了世界三大移民群在侨居国法国其落差万仞！

同是天涯沦落人，为何地位如此悬殊？

漫说移民

移民，广义而论，在生命进化出自我移动（即动物）的那一天就发生了。移民的生物学目的有两个：在环境中敌害太甚时，不得不到新环境中去"逃命"；在环境生存资源发生严重短缺时，不得不到新环境中去"逃荒"。

人类移民的目的，其主流也不外乎"逃荒"与"逃命"。

1000 多万犹太移民，在 1948 年以色列复国前的 2000 多年里没有祖国，只能在异邦他国流亡。流亡，乃逃避政治、宗教、种族等敌害也。犹太移民属于避受迫害的逃命。

现今约有 1000 多万分布在全球各地的吉卜赛移民，因为战乱与饥荒，他们在 10 世纪时从印度北部旁遮普一带出发，坐着马拉的大篷车在世界各地不停地游走了 1000 多年，概属于逃荒。

中国过去数千万移民，在 100 多年前，或因天灾，或因人祸，饥寒交迫，兵荒马乱，只好背井离乡而去。通过"卖猪崽"到南洋，通过"修铁路做劳工"到美洲，通过"当炮灰"到欧洲等。这般流浪，有逃难式的，也有逃荒式的。

当然，除了上面三种外，还有一个特例的移民方式——流放，如 17、18 世纪的英国，把大批罪犯流放到美洲，美国独立后又流放到澳大利亚。被流放到澳大利亚的罪犯便成了那里主流的定居移民。流亡、流浪，虽是客观的被迫，但还是主观的选择。流放，则完全不是主体的选择，仅仅是换了个囚禁的地方而已。在服刑期间没有能逃避掉"敌害"，只有在获释之后接受新环境的生存挑战时，才与其他移民群的境况相似。

从近现代开始，增加了小群的留学移民（留学学成后留在当地工作）、聘用移民（被外国机构聘用的移民）、投资移民等。这些移民既不是逃荒也不是逃命，而是积极奔赴着有着腾达机遇的新环境，以求"更上一层楼"。不过，这些幸运移民尚属稀有族类，不是主流人群。

动物的"移民"，都具有被迫性和像赌博似的冒险性。"移民"很可能一到新的环境就被"适者生存"的铁律逆向淘汰了。然而，"祸兮，福所依"，如果能在"第一次打击"中应变挺住，那就算赌赢了——即它的基因突变让新环境肯定下来了。这，就开创出了生命的一个新物种，拓展了生命的新边疆。

人类的移民，其动因虽然类似于动物，但人避免在新环境覆灭，不是靠基因突变，而是如何应用携带着的故国文化。

无论是流亡、流浪移民，还是流放移民，在刚抵达异邦时，有两个共同点：他们都是两手空空如也；他们所拥有的只有拷贝于记忆中的"软件"——各自祖国文化传统。换一种表述是，移民在刚到侨居国时，其所拥有的物质文化近于零状态，仅有从故国带来的精神文化和制度文化。他们在侨居国安身立命的优胜劣汰，都与后两个"文化软件"息息相关。

这就有了值得思索的所谓"移民文化问题"。

犹太移民的智能密码

面对巴黎犹太移民的显赫空间，我萌生出了一个"新怪"的问题。

我不是在重复了一千遍的寻常之问：犹太移民到底有什么超验的奥秘，让他们在世界移民中独秀于林、独占鳌头？让他们的事业之光耀夺目竟然能超出侨居国地主？

不，我是别出心裁地从另处切入设问：侨居他国的犹太移民，其世界级大才比例远远超出它占世界总人口的比例，可谓天才辈出、群星灿烂；奇怪的是，当犹太人于1948年复国后，聚居在以色列国的犹太国民却并不是天才辈出的，其创造活力充其量与其他中上等国家相似，远逊于美国等发达国家，何故？换句话说，为什么犹太人散居列国当移民时了不得，而聚居在一起当以色列国民时并没有什么不得了？

且看犹太移民何等了得。

被称为改变20世纪世界秩序的三个大人物——爱因斯坦、弗洛伊德、马克思——都是犹太移民。

1980 年就有一份统计资料显示："从 1968 年瑞典中央银行设立经济学诺贝尔纪念奖、并由诺贝尔基金会主持颁奖以来，授奖 12 次，其中三分之一（33%）以上授给了犹太移民或有犹太血统的移民。犹太人在所有诺贝尔奖的获奖者中都占了很大的比例，自 1901 年以来，共颁发诺贝尔奖 513 人次，犹太人获奖 88 人，占 17%。可是，犹太人只占世界总人口的千分之二左右！"[1] 不仅在自然科学界，在国际金融界犹太人也在领着风骚。当今有位在国际金融界振聋发聩的人物，名叫索罗斯，他专攻病态金融。1992 年，他打垮了病态的英镑，赚了 15 亿美元，1994 年他进攻病态的墨西哥货币比索又获大胜，1997 年进攻病态的泰国货币泰铢，造成了亚洲金融风暴……索罗斯就是原来侨居匈牙利、后来成为美国公民的犹太移民，他像狮子淘汰有病的羚羊一样淘汰着世界范围内的病态金融。[2] 美国《时代》杂志评选的"1997 年度时代风云人物"安德鲁·格罗夫，是全球独领生产 CPU（计算机中央处理器）风骚的世界计算机巨人、英特尔公司的董事长，他也是出生于匈牙利的犹太人。先是匈牙利的移民，尔后是美国的移民。犹太血统的世界著名社会科学家的名字更是一长串——奥地利天才哲学家维特根斯坦，法国著名社会学家杜尔克姆，提出"后工业社会论"的美国未来学家 D. 贝尔，经济学家塞缪尔森……世界级的犹太移民音乐家有"现代音乐之父"勋伯格，大作曲家马勒，俄国大钢琴家鲁宾斯坦，"世界小提琴之王"大卫·奥宜斯特拉哈、梅纽因等。犹太移民的大政治家有英国的"造就了使整个基督教世界为犹太人目的服务政

1 杰拉尔德·克雷夫茨：《犹太人和钱——神话和现实》，第 38 页，上海三联书店 1991 年 4 月版。

2 丁一凡：《大潮流——经济全球化与中国面临的挑战》，第 179—184 页，中国发展出版社 1998 年 5 月版。

策"的前首相迪斯累里，美国前"智多星国务卿"基辛格，法国前"神童总理"法比犹斯等等。真可谓不胜枚举。

那么为什么犹太人聚居的以色列，虽然远胜邻国，但不再是"成批世界级大才的孵化器"了呢?

从对世界三大移民群的比较发现，犹太移民独具一个"手提式希伯来文化"，即被誉为"具有伟大见解、伟大力量的寓言、传说、轶事的知识宝库"的 63 卷《犹太法典》（*Talmud*）。这是其他移民所没有的。它是由 2000 多位历代的犹太拉比[1]，在 1200 年的时间里，对犹太教义、犹太法律、哲学、道德等人文学科进行讨论的会议记录。《犹太法典》是数千年犹太文化的结晶，内容包罗万象，是犹太人智能的大规模集成。

大多数犹太移民孩童的教育，从 3 岁就开始了，类似于中国过去的私塾读书方式。首先教犹太国语——希伯来文。父母做一些希伯来文的字母形饼干给孩子们吃，以提升兴趣。5 岁接受以希伯来文为载体的犹太教育，在 7 岁以前必须读完旧约《圣经》的"创世纪""出埃及记""民数记""利未记""申命记"。父母会在《圣经》封面上滴上几滴蜂蜜，让孩子们吻《圣经》，告诉孩子"书本是人世间最甜之宝"。7 岁到 13 岁熟读最重要的"手提文化"大集成——《犹太法典》。[2] 这就是说，犹太移民的孩子，在 13 岁时就通过旧约《圣经》和《犹太法典》等，有效地获得了一条源远流长、博大精深的犹太"智慧基因链"。

《犹太法典》最权威地教化犹太移民，"学者比国王更伟大"，"要

---

1 拉比（Rabbi），犹太教神父，犹太人中最有学问的人。

2 孟佑政：《犹太人纵横世界的奇迹》，第 17 页，台北大展出版社，1988 年 12 月版。

造就高耸得不亚于故乡每一座山的人才"等，因此，犹太移民无论穷和富，都会竭尽所能、相互帮助，争取让孩子们上侨居国最好的学校、取得最高的学位。这样高端的民族自定义，犹太移民的孩子比其他移民的孩子在接受所在国教育的程度方面要高得多。他们遵照《犹太法典》的指引，获得了侨居国的顶级"智慧基因链"。

如此这般，犹太移民的孩子，就拥有了两个民族的智能资源，拥有两个异质的智能链，而且特别要强调的是，都是高端的、优质的。犹太移民的孩子具有的智慧库，不仅比其他移民的孩子巨大，也比侨居国的孩子拔尖。他们的智能结构模型，类似于有性繁殖生命的基因模型，即由父母两条不同性状的基因链组合起来的最富原创性的双螺旋。

与寒武纪物种大爆发机制相似

如何解释"犹太人当他国移民时了不得，犹太人当自己国家国民时却和别的普通国家国民一样没有什么不得了"的问题，请先看下面这幅生命进化的历程图（见下页）。

生命大约起源于 38 亿年前。从图上看到，前面 20 多亿年的生命世代系列，极其贫乏单调。突然，在 6 亿多年前的寒武纪，出现了"寒武纪生命大爆发"（Cambrian Life's Explosion），几乎所有动物的"门"（Phylum）同时在地层中出现，包括海绵动物、腔肠动物、环节动物、

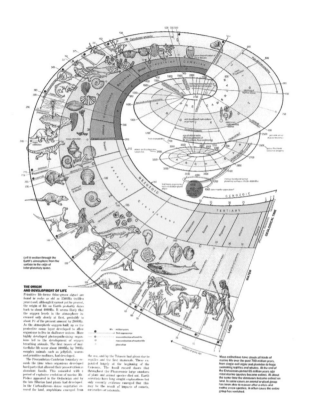

软体动物、节肢动物、腕足动物、棘皮动物，以及原始的脊索动物等。

为什么会突然爆发生命形式的惊人多样化呢？

生命起源后，它的繁殖一直是通过单细胞的自身分裂来实现的。那是子代对亲代基因的极端忠实复制的无性繁殖。这种繁殖没有个体差异，也就不会有多样性的进化。至多是在自身分裂复制过程中出现小概率的错误而产生一点基因变异。直到10多亿年前，生命从体细胞中分化出来了生殖细胞。这时，一个新生命的诞生，不再是一分为二来造就，而是由父母的不同性状的基因合二为一。就此立即出现了戏剧性的生命景观：不同性状的两条双螺旋基因链，根据数学上排列组合定理，众多的组合元素，组合出了无比多样的生命样式。这样，就有了惊天动地的寒武纪的物种大爆发。

人的大脑的创造机制，可能和生命的有性繁殖的创造机制相类似。人的创造活力取决于所储备的信息量和组合信息的方法。优越的思维方法（即组合信息的方法），将丰厚的信息（即组合概率大的信息），超常地组合出对自然或对人文有新发现的成果，这就是创造。在各民族的智能资源库里，不仅拥有各民族历史积淀的巨量信息，而且也传承着独特的思维方法。倘若只在本民族的信息储备上进行信息组合，就类似于生命的无性繁殖。如果像犹太移民那样，把本民族和侨居国的异质信息资源进行组合，那就是生命的有性繁殖了，立即会具有"寒武纪大爆发"的创造活性。

这就是犹太移民造就出超人类总人口比例的世界级大才的奥秘。

我们还可以从中国人的一些历史事实中得到佐证。翻开中国近代史，在各领域独领风骚者，差不多是在中国接受了较高教育后，然后留学他国学有所成者。例如文学上的鲁迅、钱锺书，数学上的熊庆来，绘画上的林风眠，教育上的蔡元培，航空动力学上的钱学森……他们能够出类拔萃，就在于他们多了一条异质智能链进行极有原创活性的组合。有份统计资料写到，在美国著名的核物理学科学家有三分之一的人是中国血统，可是有趣的是，这些人几乎都是在中国（含港、台）先接受了中国的高等教育，然后到美国留学而造就成大才的。他们恰恰不是在美国唐人街里出来的，因为唐人街里的中国移民的孩子只是接受了美国的教育，是只有一份美国智能链的"香蕉人"（黄皮白心的美国人）。再溯源而上，中国春秋战国时代之所以群星灿烂，乃是诸子百家好周游列国，拥有多国的异质智能链，能够进行有性繁殖式的极富原创性的信息组合。盛唐为什么天才辈出？因为那是中国历史上对外最开放的时代，一下拥进了丰厚的可供多样重组的异国智能基因链。如此而已。

哦，困惑我多年的"犹太人之谜"似乎有了谜底了。犹太人当移民时他们拥有希伯来文化和侨居国文化双份的而且力求拔尖的智能链，所以有"寒武纪大爆发"效应；当犹太人回到以色列，那就和别的国家国民差不多，只具有本国的那条智能基因了。

华侨的"狗窝情结"

中国人是"安土重迁"的民族，是很不爱游动的。万不得已的中国移民，那是被迫流浪，不像犹太移民那样无故国可归的流亡，也不像吉卜赛移民那种不愿意再定居故土的流荡。中国的流浪者总是有着陶渊明的"归去来兮"式的情结，中国俗话叫作"树高千丈，叶落归根"。即使是在异国他乡有了"金窝""银窝"，中国移民还被挥之不去的乡愁所困，不停地在内心念叨着古训——"金窝银窝不如咱老家的狗窝！"

"树高千丈，终将落叶归根"的心理，其正面作用是，赋予第一代中国移民有着超常的紧迫感。他们十分紧迫地全身心地在异邦拼搏，夜以继日，节衣缩食，争取能在最短的时间里"树高千丈"——积累一笔财富，然后衣锦还乡，叶落归根。紧迫感使他们急中生智，能针对新环境的情况，把大脑里存储着的中国文化软件快速地筛选出来，与当地的制度文化结合，建立起急功近利的简易可行的"双螺旋文化结构"。

我多年在巴黎一家中文报纸当记者，采访过许多从越棉寮[1]、中国来的华侨。其中的浙江温州移民，最具有草根性的活力，落地就能生根，生根就能共生出一大片芳草绿茵。他们在中国都是处在最底层的农民或小城镇的市民，所受教育在中学以下。20世纪80年代改革开放后，依托法国的亲戚偷渡到法国，起码要负债两万多美元。他们对法语是语盲，对法文是文盲。就在这个负起点上开始起步。令人惊奇的是，在经济正常情况下，不出三到五年就能拥有几十万欧元的资产，成为中产小业主。其中奥妙主要是靠迅速建立起"异质基因组合的双螺旋文化结构"。他们知道，在法国开店最难的是要积累起相当于十多万欧元的第一笔启动资本。要靠打工储蓄起来，不知要到何年何月。如果向法国银行贷款，因为无抵押，甚至其居留身份都是非法的，那是根本不可能的。他们的亲戚发挥中国传统固有的亲情文化，拉上五六十位亲戚朋友搭起了个"月兰会"[2]，立即就能筹集到开个小店的本钱。这个"月兰会"的附加标款设计非常巧妙，对于受亲情文化之惠的创业者会头来说，他得的借款是无息的，可是，对于搭会者之间来说却又是有利息的。这个集资方式，便是法国制度文化和中国亲情文化的简易双螺旋文化结构的产物。此外，温州移民又感受到法国既是发达国家，又是高福利国家，人工成本最高，他们发现最少使用人工的经营方式莫过于中国古老的"夫妻店"。于是他们又建立了一

---

1 越棉寮，指越南、柬埔寨（高棉）、老挝（寮国）的简称。——编者注
2 月兰会是一种传统的民间自发自由组合的集资和储金的形式。——编者注

个双螺旋结构：共命运、共钱财的中国老式夫妻店，在当下的法国制度之下，恰恰能迸发出管理效率最佳、聘用的人工最少的竞争优势。当他们经营的企业扩大时，他们又活用起中国的血缘文化，实行家族联营，以作为西方契约联营的同位替代方式。进入法国前 200 家排行榜的巴黎陈氏兄弟商场，就是家族联营取得成功的例子。

当然，温州移民和犹太移民的经商成就相比，那还只是乔木旁的小草而已。那么，他们的第二代、第三代、第 N 代有可能赶上犹太移民吗？难！因为中国移民有"狗窝情结"。

第一代华侨，他们总想尽快地"混出个人样来回老家"，因此对于侨居国的文化的吸纳，完全是吃自助快餐的方式。他们不会像流亡的犹太移民那样，尽一切可能争取扎到侨居国的物质、精神和制度文化的深海，由此脱颖而出拼命挤进主流社会的上层。中国第一代移民群相对封闭，语言能力差，不肯入乡随俗，固守自己的文化传统（这就是华侨保存的国粹为什么比故国本土人民还多的原因），甘心成为侨居国的边缘人。他们与侨居国构成的"双螺旋结构"是立竿见影的简易结构，目标很小，不过是"母鸡的理想一把米"而已。

如果第一代华侨由于各种原因没有能"衣锦还乡"，他们培养下一代的方式完全是佛道文化训示的"随缘"。他们没有犹太移民那样首先为下一代传授祖国的顶级基因链，因为没有"手提式中华文化"，也没有犹太宗教那样的强制有效传承机制。他们最多让孩子到华侨私办的中文学校或中国大陆官办的孔子学院认几个中文字（一般都不会书写）和学几句常用汉语。他们让孩子学中文、汉语的目的，不是为了提高创造活力，而是为了"不要数典忘祖"的伦理目的。至于孩子上侨居国什么学校、获得多高的学位，完全看孩子本人的造化了。他们不会像犹太移民的父母那样强烈向孩子灌输，一定要争取上侨居国最大名牌的学校、一定要争取得到最高学位。如此这般，华侨的孩子，大部分成了只有侨居国文化"基因链"的"香蕉人"，而且这个"基因链"还不一定是拔尖的。所以，华侨移民的地位是远逊于犹太移民的。

当然，在法国的中国移民中也出现了世界级人才，例如法兰西学院艺术院士赵无极、朱德群就是。我多次采访过他们，还是《朱德群传》的作者。他俩都是林风眠为校长的杭州美专弟子，在20世纪30年代，林风眠就为他们设计了一套双螺旋艺术基因教育：由留学巴黎高等美术学院的吴大羽讲授法国后期印象主义到野兽派的油画，由集中国文人画大成的潘天寿传授中国国画。赵、朱毕业后又先后旅居法国成了移民。幸亏他们没有急于"衣锦还乡"的短期行为，全身心融入侨居国，进一步建构起了顶级的中法艺术基因的双螺旋，像生命基因指导蛋白质的制造一样，指导了他们的创作。他们都成了独树一帜的"巴黎画派"主将。实至名归，最后被选为享有国家最高荣誉的法兰西学院艺术院士，成为法国国宝级的艺术家。

然而，这样的中国移民毕竟太少了，少得像凤毛麟角。

吉卜赛移民的大篷车自闭症

1000 年前从印度跑出来的吉卜赛移民，没有自己的文字，也没有可以保存和发展文明的高级版宗教。因此，它自身所拥有的"文化基因链"很短、很原始。若与悠久的中华文明、希伯来文明相比，完全不在同一个数量级上。

他们西行到达侨居国之后，又千年自闭于颠簸流荡的大篷车里，几乎没有吸纳侨居国的"文化基因"。自短与自闭，吉卜赛移民没能建立起"异质双螺旋智慧基因结构"，哪怕如同中国温州农民移民那般虽粗陋但仍富有原创性的简易文化双螺旋结构也没有。结果是：只是在自己短基因上自我复制，就像有性繁殖前的无性繁殖，于是"千年如一日"了。

因此，吉卜赛移民是三大移民群最弱势的，在世界文明史上从来没有出现过出类拔萃的人才，连黑人那样的杰出运动员人才也没有，更不用说是世界级智慧大才了。他们千年不变的基本生存技能是跳舞、算命或做"梁上君子"。第二次世界大战时，德国纳粹不仅杀了600多万犹太移民，也同时杀了40多万吉卜赛移民。战后，犹太移民发出了让世界震惊的控诉，获得了精神和物质的巨大赔偿，并把迫害他们的逃匿在世界各个角落的纳粹罪犯不断挖出来送上法庭。而吉卜赛受难者的后代则无声无息，数十万冤魂依然在死寂中游荡。

吉卜赛移民是三大移民群最弱势的，在世
界文明史上从来没有出现过出类拔萃的人
才，连黑人那样的杰出运动员人才也没有，
更不用说是世界级智慧大才了。

移民文化
具有极多创意因子的双螺旋链

"巴黎三空间"的启示录

一、四个核苷酸之所以能组合出如此多彩多姿的大千生命世界，就是因为生命在进化过程中获得了一个绝妙的方法论：在异性的交合中，将父母不同性状的基因链组成充满创意的下一代的双螺旋基因结构。移民也获得了这个绝妙的方法论。尽管有着在侨居国被边缘化的生存风险，但是，移民恰恰是获得异质双螺旋智能结构来开创事业新边疆的命运宠儿。

二、犹太移民建构了希伯来文化和侨居国文化的最拔尖的双螺旋智能结构，因此，犹太移民的世界级大才比例远远超出他们占世界总人口的比例。

三、中国移民的落叶归根情结，使得中国第一代移民的双螺旋结构过分简单；而对下一代又采取随缘放任的态度，没有中华文化传承的有效机制，成了黄皮肤包着单一异国文化链的"香蕉人"。这种单链结构在统计意义上是相对缺乏创造活性的。因此中国移民的大才比例远低于占世界人口的比例。

四、根据上述，中国本土欲出国留学者，最好是在中国接受了完备的高等教育、获得了拔尖的中国智能基因链才起程。到了国外，也要像犹太移民那样争取获得最拔尖的异国文化智能基因链，以匹配出能孵化世界级大才的孵化器。时下，中国的许多有钱父母"望子成龙"

急切，把读高中甚至读初中、小学的孩子送到国外去，这是一个花大钱害子女的蠢事。因为，他们还没有传承到母语运载的高级的文化基因链，只有类似于吉卜赛人出游时的文化储存，那是很难与他国高级文化基因匹配成高端双螺旋结构的。

五、从 20 世纪末开始，人类跃入了崭新的网络时代。人们不一定要通过物理空间的移民，才能与他国匹配出双螺旋智能结构，而是随时随地在互联网的数字空间中"移民"，一键就能敲来任何一个国家的文化链、智能链。这是空前的"数字移民"。可以推论，在互联网最酣畅通达之处将会大批涌现"犹太移民式的大才"。

体育之神 赫拉克勒斯在想什么

一对"廉价快乐分子"

H 从雅典奥运会采访回来就给我来了电话。这回她提议到巴黎 5 区的"花神咖啡馆"神聊。

这有点异常。她语调的云团中，像是撒了二氧化碳干冰，冷冷的，要降雨。

还有一个蹊跷。以往我们兴致一来，都是约在塞纳河边的咖啡馆神侃胡聊的。看着河水说话，会沾上水灵灵的灵性。譬如，有一次我用豪华形容词夸赞 H 写的一篇专访——就是对那位患了睾丸癌还能七连冠荣获环法自行车赛冠军的美国硬汉[1]——的专访，可 H 自认为写得不怎么样，于是她脱口而出一句法国谚语："笨蛋还有比他更笨的笨蛋为他喝彩！"哈，听听这嘲讽我的妙语多水灵，既谦虚，又损人，还幽默！又如，有一次她乐呵呵地贬我净说些废话，我马上获得灵感："感谢你的攻击，让我发现了一个'废话定理'：两人在一起说废话所获得的开心度越高，其两者的缘分越浓；如果两者是异性，那是情缘；如果是同性，那是朋缘。"没想到我这随口说的水灵灵的妙语，却弄得我们俩有几分钟很不自在，都向着河水看去。好在快乐的废话全都撒在塞纳河的流水上了，漂去大西洋化入了浩渺之中。幽远，混沌，散逸。总而言之，以往只要一小杯巴黎咖啡，足以让我们享受几个小时的由废话所营造的"廉价快乐"。

我们真的是天生一对的"廉价快乐分子"。就是这个"廉价快乐"的共同嗜好——巴尔扎克称"嗜好是快感的升华"，升华出了我们相识多年来经常会面胡扯的理由。

可这次相约在大马路旁的花神咖啡馆，却是个最为干旱、峻嶒之处。这是当年萨特、西蒙·波伏娃等存在主义哲学家们饶舌的地方。她到底有什么用意呢？

---

1 指美国职业自行车运动员阿姆斯特朗，其职业生涯期间，10次参加环法自行车大赛，并实现环法车手七连冠，创造了环法自行车历史上的奇迹。——编者注

"古奥运本是为了战争"的惊世危言

今天 H 居然迟到了半小时，对记者职业的人来说实属罕见。她的解释是出门前得悉一位受伤的运动员朋友住院了，看了很心痛，实在不忍马上离去，因此耽误了。

H 拿出一件从雅典买回来的小礼物——古希腊六大雕塑家之一的里希珀斯所雕的大力神、体育之神《赫拉克勒斯》，摆在我面前。

"这个肌肉里藏着核能量的超人我很喜欢，谢了！"我说，"哎，你这次采访的雅典奥运会有两个空前：一是把地球上 60 亿人中的 40 亿都折腾得废寝忘食、狂呼乱叫，十多天中都在提着心过日子；二是从国际奥委会主席到世界各国的传媒，都在激赏体育终于回归到了原汁原汤的古希腊奥运精神。我想，这回你的话题准会像维苏威火山喷发了，哇，我得赶快逃离庞贝城，不然准会被你聊死。"

"你说这次雅典奥运会回归到了古希腊奥运精神？"H 失去了往日总是爱找乐子并首先享受欢笑的常态神情，问话很是峻嶒尖硬。

"难道不是？"我反问。

"你问问你面前的赫拉克勒斯，他在想什么？"

故弄玄虚不是？

我干脆来个断然否定："赫拉克勒斯什么也没想，他是故作沉思态。证据很简单：无论是古希腊体育运动员的大量雕像，还是现代汗牛充

112

栋的体育大明星的摄影作品，哪个不是抓住运动员巨力迸发的那一瞬间形象？什么时候见过像他那样的沉思状？沉思，请看罗丹雕塑的《地狱之门》上的'沉思者'，那才是坐在地狱之门上的哲学家的专利。身体肌肉特别发达的人，其'思想肌肉'就羸弱；反之亦然。奥运会的口号是更快、更高、更远、更强，什么时候提倡过更思？因此，这个赫拉克勒斯是想而无思，乃是故作沉思。"

她一点儿也不想加些幽默调料而一本正经地反击回来，说："里希珀斯雕出体育之神的沉思，正是他最脱俗的亘古独一的原创性之所在。"

接着 H 居高临下地教诲："看来只有我来告诉你了。赫拉克勒斯首先在想在问：奥运会冠军头上戴的橄榄枝桂冠是和平的象征吗？换句话说，奥运精神的精髓真的是为了和平吗？——胡说！"

什么？！奥运会的和平精神是胡说？这太"语不惊人死不休"了。我反驳："不，赫拉克勒斯在想，资深体育记者 H 说出违反常识的话才是胡说。有则幽默：尼采说，上帝死了；上帝则看着尼采的遗体说，尼采才死了呢。同理，不是别人胡说，你才在胡说呢。等等，你自己的文章就鼓吹过——"

我从包里拿出她近来发表的一篇报道念起来："古希腊奥运会创始人伊菲图斯（Iphitos），与斯巴达立法者利库尔戈斯，还有皮沙城邦执政官克莱奥森斯，订立了著名的《神圣休战条约》。条约规定，在奥运比赛期间，即使是正在交战中的城邦也要无条件地停战，而且不得加害于参加比赛的运动员和观众；运动员、亲属、教练员都要在宙斯的神像前宣誓，遵守规则和友好相处。延续了 1168 年的古奥运会，都遵循了这个停战规矩，这就是奥运会的和平灵魂。"

我放下报纸语义双关地调侃："你老兄今天怎么把灵魂给丢了？"

H让我停住："别念啦！"

我更来劲地接着往下念："根据古奥运会的《神圣休战条约》，很多国家发起签署一个文件：今后在奥运会期间，世界各国要像古希腊各城邦一样无条件停战。这是本届奥运会回归古奥运精神的最有意义的事件之一。"我再次放下报纸问："喂，怎么啦？你今天怎么患上了自残癖啦？"

H板着面孔地问："这个协议最后签成了吗？"

"没有，那是因为——"

"那是因为当今世界最喜欢打仗、最会打仗的美国拒签，所以这支回归奥运精神的圣火刚点着就被灭了，对吗？"

"对，不过那是另外一个问题。美国拒签是完全意料中的事，"我说，"当今美国是何等国家？它已经伟大到一国顶万国、一句顶万句的境界了。凡不符合美国国家利益而只仅仅对人类有利的条约都不签，例如，绝大部分国家已经签署的挽救地球变暖灾变的《京都协议》它拒签，戴安娜煞费苦心奔波促成的《反地雷公约》它不签，还有什么禁止生物武器条约、全面禁止核武器条约都置之不理，即使签了的美俄导弹防御协议，它觉得不符合美国当下利益就理直气壮地撕毁了，甚至联合国会费它都可故意拖欠不交而作为要挟国际社会的筹码……这一切全世界只能干瞪眼。你知道这是什么机制让美国获得这等盖世气派的吗？是民主理论中的一条基本原理：绝对权力必然导致绝对腐败。由于这条原理，奋斗出了权力制衡的美国民主制；同样是这条原理，当美国在国际事务中上升到了独大之后，即获得了没有制衡的绝对权力之后，它就水到渠成、瓜熟蒂落地造就了绝对腐败的非凡气派。"

"赫拉克勒斯首先在想在问：奥运会冠军头上戴的橄榄枝桂冠是和平的象征吗？换句话说，奥运精神的精髓真的是为了和平吗？"

体育之神赫拉克勒斯在想什么

哇，没想到今天我又迸出了一句水灵灵的妙语——不管谁当总统，美国的绝对国际权力，必然导致美国追求国家利益独大的绝对腐败。

H面对我的沾沾自喜却冷冷地说："我看了赫拉克勒斯的沉思状悟到，美国拒签奥运会停战协议不是绝对腐败，而是拒绝伪善，回归到了奥运的本真。古希腊奥运会的本真宗旨是为了战争！"

"你，你说什么？！"我更吃惊了。

H今天的神情真的是基因突变了，变得似萨特或西蒙·波伏娃那样的哲学式的峻嶒。她接着从干涸的历史书卷里，编码出一条失去了水灵灵的推理语链：

"在我走访奥运会发源地——伯罗奔尼撒半岛上的奥林匹亚体育圣地——之前，我从来都没怀疑过奥运倡导和平的公理。

"可是，我到那里看了原始奥运遗址，看了博物馆，一天晚上，在宾馆里对着我要送给你的《赫拉克勒斯》发呆，突然冒出了一个顿悟：原始奥运会的内蕴宗旨，是为了通过军事体育比赛，训练出更快、更高、更远、更强的上战场的战士。毫无疑问，奥运会在骨子里头是为了战争！

"我开始把这个顿悟逻辑化，证明古奥运会确实是直接为征战准备强大臂力的兵员。

"公元前12世纪，希腊北部落后的蛮族多里亚人南下，一举消灭了古希腊南部两个辉煌的文明——伯罗奔尼撒半岛的迈锡尼文明和克里特岛的米诺斯文明，造成了500年的'文化黑暗期'。

"多里亚人之所以能横扫千军，奥秘是发明了军事体育。部族全体男人从不从事生产（农业、手工业等活计，全部由俘虏、奴隶来承担），一生专职进行格斗、快跑、掷铁饼、投标枪、架战车等军事训练，浑身鼓凸着钢铁般的肌肉，自称是大力神、体育之神赫拉克勒斯的后裔。

"多里亚人中的强中之强是斯巴达人。斯巴达人把军事体育推到了极端。每个出生的婴儿，就要用烈酒洗澡。如果发生抽风或者失去知觉，就让他死去。即使是过了这一关的婴儿，还要抱到长老那里去接受体检，如果长老说不健康，就得抛到山谷的弃婴场去。他们认为，健康的婴儿才能成为未来强悍的战士。男孩7岁就要离家过集体军营生活。这时就配有专门教练教孩子格斗。每个男孩在每年的宗教节日时，要接受一次鞭笞，打得浑身血痕而不能求饶喊叫，以训练孩子的忍耐力。12岁后参加少年队，军事体育的强度和残酷度跟着上升一级。此外，还加了在野外严酷条件下的所谓生存极限求生训练。如果有男孩在相互搏斗的比赛中被打伤或被打死，无人理睬，因为弱者在斯巴达战士中没有地位，输了还不如死去的好。从20岁到60岁的男人都是战士，要为斯巴达城邦国出生入死。总而言之，就是因为发明了全民军事体育，斯巴达战士在古希腊200多个城邦国中所向披靡。

　　"这不是最有力地证明，古希腊人发明体育的初衷就是为了备战吗?

　　"古希腊有200多个城邦国，它们意识到，要想不被灭亡，就得效尤斯巴达人。这样，军事体育就成了每个城邦的立国之本，在全希腊蔚然成风。

　　"在奥林匹亚圣山下的奥林匹亚村，有最高天神宙斯和天后赫拉的神庙。每年7到8月，全希腊都要到此举行祭奠。在这活动中，自发加进了竞技比赛的活动，非常吸引人、非常激动人。到了公元前9世纪，伊利斯城邦执政官伊菲图斯，把这个宗教性的竞技活动，改为全伯罗奔尼撒的体育竞赛，并规定每四年举行一次。这就成了奥运会的雏形。以后，这个伯罗奔尼撒半岛比赛，渐渐扩大成全希腊各城邦的竞赛，取名为奥林匹克运动会。第一届奥运会的时间是公元前776年。

"哲学家柏拉图不是多里亚人，是雅典人，可他这位理智型的书生，在年轻的时候都参加过角斗比赛并获胜。柏拉图在他写的《理想国》里规定，12～17岁儿童都要进体育学校，接受赛跑、铁饼、标枪和角斗等军事体育训练。他到70岁高龄了，还去奥林匹亚村观看奥运会的比赛。由此可见军事体育在全希腊风行的程度。

"为什么古奥运会的运动员全是男性？因为男性是战士。为什么奥运会的比赛项目全是当时的军事项目？因为体育训练是为了准备打仗的壮丁。为什么运动员全都要脱光了比赛？因为观众要看战士肌肉发达的程度，肌肉即力量、肌肉即国力。

"打仗是男人的事，延续一千多年的古奥运会从来没有女人参加比赛。因为男人都脱光了比赛，所以禁止女人观看奥运会。如果有女人偷看，一旦被发现，就要把她扔到山崖下摔死。有一次奥运会，有位妇女假扮男装混了进去，在她为亲人获得冠军而忘形欢呼时，其女人声音被一旁的人识破了。奥运会管理者决定要把她处死。可是，这届奥运会中她有几位亲人都得了冠军，这些国家英雄都出来护卫她，没法子，只好作罢。奥运会为了避免再发生此等事情，发布了一条新规定：以后的奥运会观众看比赛也要脱光，以防女人再乔扮男装混入——"

"哈哈，古奥运会上还有这等有趣的花絮？"我打断她的话。呵，总算从她长篇干涸的话语中，吸到了一滴水分，趁此享受了一下久违的对谈快乐。

可今天的H——这位多年廉价快乐的对话伙伴——却不和我同乐了，还是像进行博士论文答辩那样继续她的滔滔不绝：

"战场上常胜的斯巴达人，在奥运会上也是常胜者。**在冷兵器时**

在奥林匹亚圣山下，有宙斯和赫拉的神庙。
每年 7 到 8 月，全希腊都要到此举行祭奠。
在这活动中，自发加进了竞技比赛的活动，
非常吸引人、非常激动人。到了公元前 9
世纪，伊利斯城邦执政官伊菲图斯把这个
宗教性的竞技活动改为全伯罗奔尼撒的体
育竞赛，并规定每四年举行一次。

　　体育之神赫拉克勒斯在想什么

代，一个国家的战争能量，是其男性公民肌肉力量的总和。历史记载，在一个多世纪的历届古代奥林匹克运动会上，其五项全能的冠军几乎为斯巴达人所包揽。斯巴达运动员吉波斯奋在公元前 624—前 608 年间 5 次获摔跤冠军。斯巴达人的强大国力与体育冠军数的相关性，宣示了三个古希腊等式：

体育冠军数 = 国防实力；

体育冠军 = 国家英雄；

体育强国 = 军事强国。

"因为这三个等式，产生了全世界古文明中所绝无仅有的对体育冠军的无限崇拜。这个崇拜首先是国家行为：

"要雕塑家为冠军雕运动塑像，摆放进神庙里，和神像一起受万众瞻仰。例如米隆雕塑的《掷铁饼者》就是供在神庙里的铁饼冠军雕像。

"要音乐家为冠军写颂歌，让大众唱颂。当时还没有发明记谱法，乐曲全都失传了。但根据柏拉图著作的记述，古希腊音乐已经有了调式，是单声部的、一字一音的，其冠军颂歌是'尚武的'雄壮之歌。

"要诗人为冠军写颂诗，在奥运会上朗诵。例如，古希腊抒情诗人品达罗斯就为了礼赞比赛优胜者而写出了著名的作于公元前 498—前 446 年间的《竞技胜利者颂》（Eninicia）的颂诗。全诗共 4 卷 44 首。4 卷分别题为《奥林匹亚竞技胜利者颂》《皮西安竞技胜利者颂》《地峡竞技胜利者颂》和《尼米安竞技胜利者颂》。这些颂诗开篇先说明冠军被赞颂的原因，接着引用与冠军故乡或其先人有关的神话传说，最后把冠军推到了神的高位。

"我冥思了这些历史记载，然后再看《赫拉克勒斯》，立即感悟到他在想什么了。崇拜冠军的古希腊人都心知肚明，今天体育场上的运动健将，明天就是战场上攻城略地的英雄。古希腊奥运会的滥觞，源于征战的需要。无论其内在目的还是客观效果，都是在强化各城邦的战争机器。奥运会的暂时停战条约，不过是为了让各城邦的代表能正常比赛。比赛完了各城邦间该怎么打还是怎么打。一直打到各城邦国众败俱伤，被北方的马其顿人顺利入侵而全歼。

"你说，我们今天再来签订一个奥运会期间停战协议是不是虚伪？古奥运会根本没有和平象征的符号意义，你还回归什么？发明'斩首行动'战术、力求速战速决的美国人，怎么可能签——"

她的手机响了，不得不中断她的"惊世危言"。

我的插科打诨——奥运是人体艺术之父

为了不吵到他人，H到户外去听电话了。

我倏然滋生出一片轻松感。咳，多年来，我从来没有听她发表过这么一大套一长串硬邦邦的高论，实在有点受不了。我下意识地转头看去，旁边标有萨特座位的那个位子是空的。哈，连萨特都被吓跑了！

我承认驳不倒她，但不中听，很刺耳。体育已是同时能激活几十亿人巨大激情和崇高感能量的、老少咸宜人见人爱的人类头号宠物，怎么可以这样挖它的老底？

她回来了，脸色更加阴晦。

我怕她再发宏论，决定先发制人，以扭转今天憋闷死人的气氛。我抢着说："借老兄的话题，我也来问问你，赫拉克勒斯在想什么？"

H阻止我："我有要紧话——"

我打断她的话，坚持发问："我刚才看了赫拉克勒斯一眼，心有灵犀，忽然听到他要问你：几大古文明中为什么只有古希腊有人体雕塑？在远古的生殖崇拜期，世界各地都有突出表现性器官的男女裸体雕像；可是到了新石器时代之后，各古文明的人像雕塑都穿上衣服了，唯独古希腊的神像和人像都是裸体的脱衣秀，为什么？"

这个问题H有点兴趣，随口答道："前面我不是给你说了吗？古希腊首创对体育冠军的无限崇拜，要给奥运冠军雕像以让万众瞻仰风采，而冠军比赛时是脱光了的，当然雕像不可能穿上衣服。古希腊的神，譬如这个体育之神赫拉克勒斯，还有太阳神阿波罗等等，都是以奥运冠军为模特儿雕塑的，所以神也跟着成了脱衣秀。"

"可是，你刚才也绘声绘色地说，绵延1000多年的古希腊奥运会，绝对禁止女人参加和观看，当然就绝对没有女冠军，为什么还会有巴黎罗浮宫里镇馆之宝的古希腊裸体维纳斯呢？"

H被我问住了。

风水轮流转，现在轮到我霸占话语权了：

"哈，你呀，超出体育就不灵光了。

"电脑要不被黑客攻破染上病毒，软件要经常打补丁；要使你的答案不被艺术史权威黑客袭击，还得请我这个开过《东西方美学对视》课程的客座教授来为你打补丁。

"你能从你的'奥运为战争'的怪论论据中，举一反三地推理出古希腊人体雕塑发祥于古希腊对奥运冠军的崇拜，我很惊叹。没想到你与我'英雄所见略同'。

"古希腊男裸体雕塑在公元前 7 世纪的古风期出现，就在奥运会开创之后的几十年，说男人体源自奥运冠军这在历史年代上很吻合。然而，女裸体雕塑却滞后了 300 年，要到后古典期的公元前 4 世纪才出现。那时在雅典出了一位敢为天下先的大雕塑家普拉克西特列斯（Praxiteles，活动于前 370－前 330 年），是他第一个雕出了女裸体神像《尼多斯的阿芙洛狄忒[1]》。

"可惜原作已失，现存梵蒂冈博物馆的是罗马时期的摹制品。裸体的美神阿芙洛狄忒把脱下的衣服放在一旁的石瓶上，正预备举步入海沐浴；她的身体重心放在右腿上，全身形成极其优美的 S 曲线，她似欲行又止，略显羞怯之态，女性的温柔、妩媚和雍容风度刻画尽致。"

"普拉克西特列斯首创女人体，这和奥运会毫不沾边，这算什么'补丁'？"H 语带反讽。

"不，女人体也超链接到了奥运会。请看这根链条：男奥运冠军雕像在古风期脱光→（突破）男神像以奥运冠军为模特儿在古典期脱光→（再突破）既然男神能脱光，为什么女神不能脱光？于是普拉克西特列斯理由十足地雕出了第一个脱光了的女神雕像维纳斯。至于罗浮宫里脱光了的米洛岛维纳斯，那是后来者，比普拉克西特列斯要晚两个世纪了。"

"嗯，这个'补丁'还不错！"她说。

"何止不错！赫拉克勒斯给你我打了 100 分！"

---

1 罗马语称维纳斯。

123

"算了算了，低智商的 100 分。我还有要紧的话对你说——"

"且慢，这可不是低智商！历代大教授们编的艺术教科书，哪一本不是说古希腊登峰造极的人体雕塑是古希腊人的人本主义理念'人是万物的尺度'的感性显现，是古希腊人精微的艺术视觉发现了人体的大美？你我的'奥运冠军脱光比赛才发祥了古希腊男女人体雕塑'的新理论，足以让千年艺术史权威难堪。你说，咱们能不春风得意一回吗？"

"还是把自吹自擂打住吧！"

"不能，赫拉克勒斯还不让我打住，他让我加一个更有想象力的'补丁'——古希腊不穿衣服的雕塑不正常，是不符合'人之所以成其为人'的另类艺术。"

"你想胡扯些什么呀？我真的有重要的事情和你说——"H 不耐烦了。

"等等，听我把话说完。古人类学的考古证实，直立的南方猿人，全身还有很密很长的毛，可是到了 200 万年前的智人，身上的一身厚毛就进化没了，只留下了稀而短的汗毛。这太不可思议了！ 200 万年前，正是地球的冰河期啊，很冷，怎么把一身毛给进化没了呢？同时期的猩猩、黑猩猩都没有掉毛啊！为什么？只有一个解释，已经会打猎的智人，在剥皮吃掉野兽肉之后，发现兽皮可以裹在身上御寒，到天热的时候又可以随心所欲地脱掉，这绝对比自己的体毛来得优越。久而久之，优胜劣汰，人的体毛就被可穿可脱的衣物淘汰掉了。这就是说，人之所以成其为人的特征之一，就是穿衣服。穿上是人的正常态，脱光是另类态。因此，人类在石器时代生殖崇拜期之后的各大古文明，其正常态的人像艺术（雕塑和绘画），全都穿上衣服了（只有印度教、佛教中的极其个别的神,因为特别的教义而使得夜叉的雕塑是全裸的)。别看古希腊人体雕塑是世界艺术史上的顶级瑰宝,但它不是'人之所以为人'的常态。

"同理,当代欧洲人闹腾了很多年的天体营怎么也成不了气候。譬如在法国蓝色海岸盛夏所开的天体营里,男女老少个个一丝不挂,互相观摩'人体美'。明明是返祖到南方猿人那里去了,可偏说是突进到了最'前卫'。然而,你前卫却没法再长回猿人老祖宗那身毛。只要天凉那么一点儿,还得穿上衣服回到常态,不然就会要了你的'前卫性命'。

"哎,没想到我们这么胡扯一通,还扯出了一个空前鲜活的艺术考古理论:古希腊奥运会是人体艺术之父!哈哈……"

可 H——和我派对的"廉价的快乐分子",还是乐不起来!今天她真的是不可救药了!

她的话音里依然是撒了二氧化碳干冰,冰冷:"你说得有理,古奥运会造就了一枝独秀、登峰造极的古希腊人体雕塑艺术;可是我说,现代奥运会却造就了人体的严重自残!"她下意识地转过脸去,看了看萨特座位,发出感慨:"萨特说,存在是荒谬的;我看最荒谬的存在莫过于奥运会了。"

一对"反人类分子"

她很烦闷，要我坐她的车陪她出去转转。

倒霉，她刚才迟到，慌忙停车停错了位置，前窗玻璃上已压着交通警察留下的罚款单。既破小财，还添乱（要花时间去交罚款）。她的神情近乎忧郁症症状了。

H在车上告诉我，她刚才接的是报社同事的电话。同事告诉她，她这两天休假期间，报社接到很多读者的电话和收到读者几百个电子邮件，都在激烈批评她发表的《赫拉克勒斯在想什么》那篇奥运评论。H说，她的文章的内容就是刚才在花神咖啡馆对我讲过的，古奥运会是直接为战争服务的，所谓回归到古希腊奥运的和平精神是无源之水、无本之木。在古代冷兵器时代，战争胜负决定于全体战士人体力量的总和，体育确实与战争胜利密切相关；到了热兵器时代、特别是今天的电子信息战时代，体育与战争完全是风马牛不相及了，可人类还是像古希腊人那样，狂热地把奥运冠军奉为国家英雄，把金牌数当作国力，这不恰恰又在执着地延续着古奥运的战争精神基因吗？

我揶揄她："这下你可惨了！你那反奥运会的异端邪说，对我说说无碍，至多得罪我一个；可你写成文章发表出去就犯下'反人类罪'啦！你反了40亿激情收看雅典奥运会的人类，伤害了他们的感情！感情是什么？乃是不喜欢辩论什么道理的情绪。因此，不管你这个'资深'

深到旁征博引、言之凿凿，起码40亿人类会把你当作一个反人类罪犯，把你扭送到海牙国际法庭去！"

H没有接话，把车拐进了一个小巷停了下来，说："到吕德斯剧场去坐坐吧，那里安静又透气。"

吕德斯剧场？我在巴黎住了那么多年，耳闻过在巴黎5区有个古罗马人占领时期建造的吕德斯露天角斗场。好像是19世纪中叶修路时才被挖掘了出来。多亏大文豪雨果大声呼吁整建，才作为古文化遗址保存了下来。可我从来没去过。好，走！

她领着我走到吕德斯圆形角斗场的最高处，在当年罗马总督的座位上坐了下来。

我环视四周，当然没法和罗马的大斗兽场媲美，可也能容纳10000多人。30多层石砌梯形座位，围着中间最低处的一个圆形沙地——那是当年人斗人、人斗兽的表演舞台。

我逗H，还是想她开心一点儿，说，我感觉回到了公元2世纪的巴黎（那时罗马人叫吕德斯），听到下面角斗士的厮杀声，听到10000多观众一波又一波的喧嚣。一位角斗士被刺破腹部而倒下了，观众疯狂地呼叫："杀死他！杀死他！"取胜的角斗士正在仰头看着你这个女巫，你如果把大拇指朝下一指，取胜者就会立即杀死角斗士。

"喂，女巫，你的大拇指此刻决定是朝下还是朝上？"我继续找她寻开心。

"古罗马人消灭了古希腊人开创的奥运会。他们把体育比赛恶变成了最残忍的观赏节目，"H完全答非所问，"其实我们今天看奥运比赛何尝不是如此？性质和古罗马人一样，也是在观赏残忍，在看运动员长期自残的残忍果实。"

我愕然，听不懂她说的话，愣愣地看她。

H 沉默了片刻，又冒出一句没头没脑的惊人之语："我想辞职不做体育记者了。"

"今天可不是愚人节，你开什么玩笑！"我说。

她说她当了多年的体育记者，交了很多世界各国的运动员朋友，对他们最强烈的印象是"纸老虎"：最健壮魁梧的外表，包装着千痛百伤的非健康的内在。

"我和你约会之前，去医院看了我的好朋友玛赫雅娜，真是惨不忍睹啊！"

H 对我细说缘由。

她和玛赫雅娜是在尼罗河游轮上度假时相识的。玛赫雅娜当时在法国柔道队，还没出道，默默无闻。过了两年，19 岁的玛赫雅娜成了一匹黑马，一跃拿到了奥运会的银牌。H 为她写了篇专访，称她是有运动天才的未来之星,是编织大众明日之梦的造梦者。为了明日的金牌，教练给她进行人体极限的大运动量训练。半年下来少女满身伤痛，常常半夜痛醒顾不得礼仪而给 H 打电话诉苦。在电话里她失声痛哭，一会儿说自己对柔道非常着迷，一会儿又大骂教练是"慢性杀人的恶魔"。有一次腰骨被摔伤了，不得不停止一段训练。在养伤将结束的一个周末，她开车带着在巴黎大学学金融专业的男友，去卢瓦河有浪漫故事的古堡去"贵族两天"。谁知途中不知怎么扭了一下，腰伤突然发作，车子失控冲出了高速路……男友丢了性命，她未满 20 岁就两腿瘫痪永远坐上了轮椅，这是任何人都承受不起的灵与肉的伤痛啊！

"你知道玛赫雅娜这一次为什么住院吗？"H 问完又自答，"又是大运动量训练受伤！右手严重骨折，连神经都被弄断了，还断了两根肋骨。失去了双腿之后的她又失去了右手！"

我不解："你不是说她永远坐上了轮椅了吗？怎么还可能大运动量训练？"

H叹了口长气，说："玛赫雅娜离不开体育，凭她的超级意志，又争得加入了法国残疾人运动队。她选择了举重。残疾人举重是躺着举的。当残疾运动员举起杠铃时，两端有两个保护者，如果举不起来当杠铃压下来时，保护者立即在两头托住，不会压到运动员身上。可是什么都有意外，就在玛赫雅娜又向世界纪录冲击时，她没有能举起来，杠铃重重摔落下来，而右边的那个保护者偏偏又失手，倾斜的杠铃打下来，把她的右臂折成三截，还打断了两根肋骨！"

H的眼圈红了，她赶忙拿出手巾纸擦掉涌流的眼泪。

这一刻我不知道该说什么好了。

沉默许久后H自言自语："不错，体育对于大众来说，非常有益健康。可是体育对于职业运动员来说，是漫长、持续地对健康地残害。我认识的世界各国许多体育名将，没有听说过有一位是没伤的。踢足球的断了鼻梁，举重的椎间盘滑动，田径赛跑的其膝盖磨损提前20年进入老年，拳击的脑震荡，一级方程式车赛那简直就是高概率的死亡比赛……过去古罗马人观赏的是人和人、人和猛兽间的互相残杀；现在我们在奥运会上观赏的是运动员由长期自残所浇灌出来的苦果。这不都是在欣赏残忍吗？

"我不愿意、再也不忍心去赞美玛赫雅娜那样的自残苦果了。所以，我今天走出病房那一刻就决定要辞职了。"

我劝说："你是不是太情绪化了？辞职的反应是不是太激烈了？体育比赛规则在不断改进，体育设施也在科技进步中不断完善，这不是在尽量减少运动员的危险吗？我认为你应该鼓吹体育变革，而不是辞职。"

"不，有一个体育的根本规则是不可能更改的，而这个规则恰恰是运动员必然要自残的宿命。"

我耸肩摊手，表示不以为然。

她接连问了我一串问题，只要我回答"是"或"不是"。

她问："体育的根本规则是比赛，是不是？"

"是。"

"每次比赛都要记载下本项目的记录，例如百米短跑的最新纪录等，是不是？"

"是。"

"运动员的比赛不仅要赢对手，而且要突破前人记录，是不是？"

"是。"

"要突破前人记录的根本办法是，比前人增加更大的运动量，是不是？"

"不一定，你可以加强科学训练呀。"

"所谓科学训练只是提高一点同等运动量训练的效率而已，而加大运动训练量才是根本，是不是？"

"这——可以说是吧。"

"要突破纪录，就得加大运动量；不断提高的世界纪录，逼着不断加大运动量训练；这个无限循环的结果，一定会导致运动量超人体负荷，是不是？"

"可能。"

"不是回答'可能'，而是要你回答'是'还是'不是'。"

"是。"

"长期超体能极限的训练，必然会导致运动员伤残，是不是？"

我不吭声了。

可她还不罢休："体能的支付已到极限，每次比赛只是在争夺仅差零点零几秒的胜利。为了赢得对手，为了突破世界纪录，几乎到了山穷水尽的地步。于是一些运动员就去寻求旁门左道，服用能暂时激发更大体能的而被奥运会明令禁止的禁药。雅典奥运会的东道国是希腊，本应该做遵守他们祖先发明的体育公平竞争的表率，可希腊运动员居然冒天下之大不韪，发生了多起服用禁药的大丑闻，弄得希腊奥委会主席提出引咎辞职。反禁药和反贪污一样，屡禁屡犯，'野火烧不尽，春风吹又生。'服用禁药的后果是什么呢？那就是运动员对自己人体进行更严重的自残！我们坐在这个古罗马角斗场里，马上会遥想到罗马人的无比残忍，独裁者克拉苏为了过生日，就出动了800个奴隶和上千头猛兽在罗马大斗兽场相互残杀；可是有谁会去想，今天全世界残酷自残致病甚至致死的职业运动员，远远超过古罗马角斗死的奴隶？有谁听到玛赫雅娜在病床上残上加残的呻吟？"

我听了 H 这番连赫拉克勒斯也沉思不出来的动容话语，再也没法和她逗乐了。我被她的观点激活，不由自主地走入了她的思索，把她的感性叙述抽象出了一个观点："真的，你的叙述太耐人寻味了：是体育合乎目的性逻辑规则，导致了反目的。"

"继续说下去，愿闻其详。"

"你刚才说，古希腊人为了求得健壮的体魄，发明出了一套达到这个目的的体育逻辑规则，即，公平地进行体能比赛，并且记下比赛的纪录。这些合乎目的性的规则，马上逻辑地运转起来：突破前人运动训练量→才能突破前人记录→再突破创造新纪录人的训练量→再创新纪录……如此合乎目的性地运转到了今天，使得每项运动的训练量超出了人体的极限。这时，体育就出现了反目的：运动员的训练就是自残，结果是出现了触目惊心的普遍的反健康。概括起来一句话，那就是：合乎健康目的性的体育规则，自己运行出了反健康的反目的。好像艺术发展也是如此。艺术要提升必须创新，这是不证自明的公理。为了这个目的，逻辑推理出了一条规则：只有超越或颠覆前辈艺术家的创造，才能推陈出新。'颠覆→创新→再颠覆→再创新……'的逻辑运行，一直到今天，你我在世界艺术之都的巴黎处处可闻可见艺术的反目的景观。毕加索说，创造乃是破坏的总和，没有规则就是规则；因此，当下没有受过任何艺术专业训练的阿猫阿狗全都能成为红极一时的'素人艺术家'，任何工业废品和生活垃圾都可称之为现代或后现代艺术的杰作。这样，艺术不是在合乎目的性地不断提升，而是在反目的性地不断沉降。"

"说得很棒！"H亢奋起来。

"谢谢。可是，你的辞职能阻遏玛赫雅娜等千千万万的运动员自残吗？自残不是运动员的专利。你们女人，明明体验到穿高跟鞋是对脚的严重自残，可为了增加虚拟身高的女人们依旧趋之若鹜，无怨无悔。人人皆知抽烟是会致命的自残，可世界仍然有几十亿烟民。对人这个物种来说，核武器是灭绝性的顶级自残，可世界越来越多的国家，或明或暗地在已经可以消灭人类几十次的核当量之上，争着再创完全彻底毁灭人类物种的新高……人的自残不仅幅度广阔而且源远流长，从原始部落发明文身那天起，就喜欢上自残了。偏爱自残似乎是人的本性。当然，在生命界也有自残行为。例如，严冬来之前树木会自残落叶以度过干旱和缺少阳光的冬季；壁虎在遇害时会自残掉一段尾巴而逃之夭夭；海参遇到天敌时会把内脏吐出去给敌人而丢局部保整体等等。生命界的自残是保全生命的智慧策略，而人类自残却是为了各种利益和观念而去残害自己的生命；可人还好意思夸自己是唯一有理性的生命！——坏了，我这不是也被你教唆成反人类罪犯了？今天是怎么啦？一对廉价快乐分子，突变成了一对反人类的犯罪分子？"

H 更加迷茫："你的意思是要我放弃辞职继续干？

我哑然语塞，下意识地摆弄着 H 送给我的赫拉克勒斯，看着他无声地问：喂，赫拉克勒斯，你到底在想什么……

诘难达·芬奇

天才活着时被冷藏之谜

自从时兴起了互联网，网民们就突变成了新种的两栖类动物——两栖于"物理"和"数字"两重时空中的"青蛙人"。"青蛙人"两栖于"虚拟"和"现实"，唾手可得无限多的信息，可谓空前的明白。

"青蛙人"知道得越多，随机组合出来的未知问题就越多，也就空前的糊涂。于是爱发问，在没有问题的地方开始提问，问得太多，多得让人恼火。

近来，我这个"青蛙人"冒出了个亢奋点：在巴黎罗浮宫博物馆《蒙娜丽莎》前，在达·芬奇旅居过的法国中部安波瓦近旁的克洛鲁塞城堡，在互联网上，频频造访文艺复兴时期"天才中的天才"达·芬奇。凭着两栖于网上网下信手拿来的关于达·芬奇的大量信息，任凭想象力去胡作非为,超常组合出了许多未知问题。有些问题很刁钻古怪，问得晚年旅居法国的达·芬奇很气恼。

咳，无端困扰晚年有心脏病的达·芬奇大师，真的很不好意思，甚至有点残忍。

这行为，在东方很犯忌，很缺德。孔子会指责我没有"为尊者讳"；当代有些东方名人也会鄙夷地嘲讽说：这小子是不是想用骂名人来使自己出名？这等事在西方好像就无所谓了，早在古希腊就开了个先例——亚里士多德在挑他老师柏拉图的毛病时还很有感情地说："吾爱吾师，吾更爱真理。"

我爱达·芬奇。

《蒙娜丽莎》怎么没有画眉毛？

在网上看到一则名人和名作的佳话。当年戴高乐总统在爱丽舍宫处理国务产生大烦恼时，他就驱车前往罗浮宫博物馆，直奔只有77×53厘米的小小油画《蒙娜丽莎》。他与蒙娜丽莎对视片刻，满脸的阴霾瞬时耗散殆尽。玄妙，蒙娜丽莎成了戴高乐的超级心理医生。

这个趣谈确实有点可信度。

法国人对《蒙娜丽莎》的情结，从国王到庶民，可用佛家的"贪、嗔、痴"来褒义贬说。举两个例子吧。其一，请达·芬奇来法国度晚年的佛朗索瓦一世国王，在达·芬奇死后，为了专门珍藏《蒙娜丽莎》和其他一些来自意大利的作品，把巴黎塞纳河畔的要塞，改建成了文艺复兴式的最初的罗浮宫。换言之，没有《蒙娜丽莎》就没有罗浮宫，蒙娜丽莎是罗浮宫之母。

其二，1911年8月21日《蒙娜丽莎》被在罗浮宫做陈列柜的意大利木工裴路加偷走，直到1913年11月，当裴路加将画卖给佛罗伦萨一位画商时当场人赃俱获。据说，在这两年间，法国人把《蒙娜丽莎》的失窃看成是国难，全国有40000多人为此而出现了精神障碍！

——呵，意识流流远了，赶快把话题拉回来。

近来，我在网上网下获得了一些相关知识之后，在罗浮宫看《蒙娜丽莎》，竟然也产生了异常的感知。

有一次我陪朋友去罗浮宫，骤然发现蒙娜丽莎没有眉毛！

以前我看《蒙娜丽莎》，只会用评论家的"论述眼睛"看，全神专注他们鼓吹了五百年的"神秘的微笑"之上，于是，误把蒙娜丽莎眼眶的阴影当作了眉毛。那天，我想贴近看看《蒙娜丽莎》之上的防弹罩——自从被窃而寻回之后，罗浮宫博物馆所藏40多万件瑰宝中只有《蒙娜丽莎》一件给罩上了防弹罩。我挤到人群的最前面去，细瞧那个防弹并兼有恒温、恒湿功能的玻璃罩。没想到，我的这一点儿自主的好奇心，居然把一直外加给我的"评论家眼睛"（话语霸权）给解构掉了，开始用自己的眼睛在看：哇，像哥伦布歪打正着发现了新大陆那样，发现达·芬奇居然没有给蒙娜丽莎画眉毛！

这太蹊跷了。

我对画发问："达·芬奇先生，我绝对不会相信您是粗心大意忘了给蒙娜丽莎画眉毛。权威艺术史教科书无不称颂您的画作是'艺术和科学的完美结合'。他们说：您所画的人精确符合人体解剖学；您所画的岩石精确符合地质学；连您所画的岩石上的植物，植物学家都能精确地辨认出来。如此这般，您这位'科学型画家'怎么可能遗漏掉眉毛呢？"

"是吗？"见鬼了，达·芬奇居然在场！他在和我对话："您猜是什么原因？"

"难道是当时意大利有种时尚，认为妇女没有眉毛为美，所以蒙娜丽莎把眉毛剃去了？哦，不对不对，讲不通。我记得很清楚，您画的《少女》等女性肖像全有眉毛。您画的《岩间圣母》，无论是圣母还是被称为美术史上最美的女天使也都有眉毛。再说，和你同时代的拉斐尔画的所有圣母和女人肖像，以及米开朗基罗画的女先知，全有眉毛。由此可见，'没眉毛为美的时尚'根本不存在。"

达·芬奇笑而不答，神情诡谲。

"到底是什么原因，雷奥纳多先生？哦，我要告诉你，我们中国的翻译家，把你的姓名——Leonardo da Vinci——翻译成'达·芬奇'了，意味着您姓'芬奇'，名'达'，哈，错得很可笑是吧？旅居法国之后我才闹明白，意大利语 da Vinci 原来是'来自芬奇镇'的意思。Leonardo 才是您的名字。雷奥纳多先生，何故您不给蒙娜丽莎画眉毛？"

雷奥纳多还是没有回答，眼神中闪着稠乎乎的亮光，那是回忆美的往事所生的甜蜜之光。

我继续追问："达·芬奇先生——请原谅，我还是这样称呼您吧，顺口儿——除了您为什么不画眉毛的问题之外，我还有一个纳闷的问题：您这幅《蒙娜丽莎》，是顾客出了重金订购的肖像画，怎么没有交给画主而留在您这里了呢？

"据和您同时代的 16 世纪意大利美术史家瓦沙里写的《达·芬奇传》中写道，蒙娜丽莎实是佛罗伦萨贵族佛朗西斯科·拉乔康达的妻子爱丽莎贝，对吧？爱丽莎贝的昵称叫丽莎（Lisa），在昵称前冠上女士（Madam），中文就将 Madam Lisa 译成了'蒙娜丽莎'。您在画她的肖像时，她年仅 23 岁。您为了使蒙娜丽莎始终处于轻松愉悦的神态之中，为她请来乐师在旁演奏优美的乐曲，请来歌唱家演唱她所喜欢的歌曲，请来滑稽演员为她逗乐。据说您还在绘画的环境中种上她喜欢的花草，设置喷泉。上述的一切，都是为了博得她那不可言传的一笑。因为，在漫长的中世纪，所画的所有神像太生硬呆板了，太没有内涵，因此您要把蒙娜丽莎画成最具内在丰富性的人，以横扫中世纪的郁郁寡欢，透出新女性的端庄与乐观，复兴古希腊维纳斯那种'静默的伟大，高贵的单纯'（温克尔曼语）的神韵。可是，这毕竟是一幅画真人的肖像画，并不是您创作的人物画，您怎么把这幅肖像画终生留放在身边呢？"

"没想到不是画家的您，还知道得不少！"啊，雷奥纳多终于说话了！"不错，我 48 岁那年，在佛罗伦萨应邀开始画《蒙娜丽莎》，画得非常慢，长达 4 年。这幅画我的确没有交给那位贵族，一直跟着我，最后带到法国，挂在我住的安波瓦王宫附近的克洛鲁塞（Clos Lucé）城堡起居室里，与我相伴，朝夕相视。其中原因，一两句话说不清，您是否能来克洛鲁塞城堡一趟，那时我再慢慢对您说？"

尽管我已经多次去过法国卢瓦河流域，许多回看过那里的众多古堡；然而，蒙娜丽莎为什么没有眉毛的问题还没有答案，一定得前往赴约。

"您要把蒙娜莎画成最具内在丰富性的
人，以横扫中世纪的郁郁寡欢，透出新女
性的端庄与乐观，复兴古希腊维纳斯那种
'静默的伟大，高贵的单纯'的神韵。"

诘难达·芬奇
天才活着时被冷藏之谜

一代绘画宗师创造的四个年龄性别不同
的人物形象，其"神秘的微笑"何其相
似乃尔！

诘难达·芬奇
天才活着时被冷藏之谜

达·芬奇自己抄袭自己

达·芬奇就在这座红砖墙在墙角镶着白石线条的三层中世纪风格的城堡里与我会晤面谈。

1516 年的秋天，64 岁的达·芬奇应法国国王佛朗索瓦一世之请，带着学生梅尔兹（Francesco Malzi）和仆人，骑着毛驴，翻过阿尔卑斯山，从罗马来到法国安波瓦（Amboise），就住在眼前这座国王赐予他的城堡里。22 岁的被史家称为"法国艺术和文学之父"的佛朗索瓦一世国王，对达·芬奇非常崇敬，礼遇有加，给达·芬奇的年薪高达 700 金埃居！有个可比较的数字是：这座城堡查理八世买来时才花了 3500 金埃居，只是达·芬奇年薪的五倍。虽给高薪，但并没有任务，只要陪国王聊聊天、提供清谈之乐就行了。哈，这么说，今天达·芬奇陪我神聊，他发出的每个音节岂不都含着重重的 24K 金？

达·芬奇请我坐在他的起居室里。从窗户里看出去，是卢瓦河畔的安波瓦王宫。达·芬奇就在这窗前画过一幅王宫素描，其真迹就挂在他的卧室里。

我到达时正是午餐时分，他让厨师拿来了以他的名字命名的"雷奥纳多饼"招待我。他说，这道美食菜肴是他将意大利佛罗伦萨的菜馅放入法国布列塔尼薄饼中超常组合而成的。确实别有风味，好吃，可是一张薄饼里却放了两个鸡蛋！难怪达·芬奇会得心脏病。

人们常说"吃了人家的嘴软"；我却相反，话锋更硬："关于蒙娜丽莎，我又萌生了第三个问题。我发现，500年来艺评家们用汗牛充栋的文章赞美的'蒙娜丽莎的微笑'，被您使用得太多、太滥了，为什么这样做？"

我吃着美味的雷奥纳多饼继续挑战："我研究过，您画的这个'神秘的微笑'，是从1483年您画的《岩间圣母》开始的。一直笑到1516年您来法国之前完成的《施洗者约翰》——这是您画的最后一幅作品，可谓'笑到最后'了。从圣母笑到贵妇人蒙娜丽莎，再笑到圣母的母亲圣安娜，最后还笑到男圣人约翰，共笑了33年！笑得那么雷同，甚至连长相都像是孪生的！恕我直言，这是您自己重复自己，自己剽窃自己，乃是艺术家的大忌。这等事倘若发生在三流以下的艺术家身上还可以理解，不可思议的是怎么会出现在您这位'天才中的天才'的一代绘画宗师身上呢？"

说完我有点紧张，如此口无遮拦，单刀直入，一定会惹恼这位大人物了。我放下刀叉停止进食，眼睛紧盯着达·芬奇的神情，随时准备着他下逐客令。

"哦，经您这么一比较，还真是有这个问题呢。"达·芬奇发出了有容乃大的神秘的微笑，他的语调是那样的和风细雨，"也许是我太喜欢这种'微笑'了吧，所以就犯下了您说的'自己剽窃自己'的错误？"

我松了口气说："啊，您刚才说的一句话，道出了一个发人深思的艺术真谛：艺术家不能太爱自己的得意之作，一定要做自残狂，即成即弃；不然，即使像您这样最具原创力的大师，也会落入自己拷贝自己的窠臼。持续的原创力，来自艺术家自残式的忍痛割爱，来自对曾经成功的自我的痛苦颠覆，而且还是不能停顿的颠覆。"

达·芬奇苦笑着摇头："咳，艺术家成了最不幸的'母亲'！她无权对自己的'爱子'（作品）产生长久的'母爱'，一生下来就要扔掉，像我的母亲……"

达·芬奇唏嘘感叹起来，准是勾起他的不幸身世了。他是他父亲和一位农妇的私生子，祖父只接受他，不接受他母亲，因此在童年时代就被迫与母亲终生隔离了。

他停顿了一会儿之后转了话题："好像您在巴黎罗浮宫问过我，为什么没有把《蒙娜丽莎》交给画主？告诉你，就是因为我太喜欢这幅作品，或者说太有'艺术母爱'了。为了这喜欢，咳，我又犯下了一个不诚实的错误，我一次又一次地对画主说：'还没有画完，还没有画完呢。'"

"哦，这完全可以理解，那是因为您在这幅画上起码创造了四个'前无古人'。换了我，也会说谎毁约不肯给画主的。"

"是吗？我很想听听您这位比我小500岁的年轻人来谈谈，这幅画有哪四个'前无古人'？"

"好，我试试。

"第一，您把您创造的'明暗法'，也叫'晕染法'，即以油彩为媒介扩大明度的领域，使它包容了从暗到明的整个色域，以渐进的颜色的明暗对比，在二维平面上精确表现人的三维视觉经验的画法，在《蒙娜丽莎》这幅画上做了前无古人的最精确的示范。

"第二，在您以前，人物肖像都是在室内，您前无古人地把蒙娜丽莎放在大自然的山水背景前，您开创了大自然的湿润空气感画法（也称'烟雾状笔法'）；更有趣的是，您还把后面的山水的地平线来了个多视点合成的超现实主义处理，右边的地平线高于左面的地平线，在左右横看蒙娜丽莎时会感到她在升降飘动，像梦一样飘忽。

"第三，您画出了前无古人的最神奇的微笑（未笑之前的'开端的笑'、笑完之后的'终端的笑'），弄得您犯下了自己重复自己的过错。

"第四，您前无古人地画了一双蒙娜丽莎的美手，诱惑您同代的拉斐尔在画《多尼夫人肖像》，甚至19世纪法国画家柯罗画《珍珠之女》时都在拷贝您画的这双手，害得这两位天才画家犯下了剽窃您的错误。"

"哈哈，照您这么说，我还要承担拉斐尔剽窃我的作品的责任！"达·芬奇那张过分理性严肃的哲学家脸上，第一次露出了朗朗的笑容。

我说："啊，我知道您为什么不给蒙娜丽莎画眉毛了！"

我觉得茅塞顿开，大喊了一声，马上感到失态，很快把语音调整到常态："哦，因为您在《蒙娜丽莎》上创造了四个前无古人，舍不得给画主，一定要把这幅画留在自己身边，于是就故意一直没有给蒙娜丽莎画眉毛，诓称此画还没有完成，是不是？可是，可是奇怪，您离开意大利来到了法国，按理画主不可能再向您要画了，那么来法国这几年里您应该把蒙娜丽莎的眉毛补上了呀，为什么您没有这么做呢？"

雷奥纳多眼睛看着远方的安波瓦王宫，慢慢地说："好，告诉你为什么吧。我来法国只带了三幅画——《蒙娜丽莎》《圣安娜》和《圣约翰》，呵，就是被你诟病的'微笑雷同'的四幅中的三幅画。佛朗索瓦一世国王一看，对《蒙娜丽莎》情有独钟，喜欢得不得了，他出12000金埃居（相当于可买下四座我住的这样城堡的钱）的天价要买下。这可怎么办？国王待我如上宾，我怎么能拒绝他？只好故伎重演，说'我还没有画完呢'。"

"因此，您一直没有把蒙娜丽莎的眉毛补上？"

达·芬奇的回答，耍起了庄子的"此亦一是非，彼亦一是非"的狡黠："也许是吧。不过，话得说回来，很难说清楚《蒙娜丽莎》到底有没有画眉毛。您刚才说了，我画蒙娜丽莎是放在大自然的山水之中的。意大利是阳光之国，在意大利艳阳下，女人的淡细之眉，本来就是若有若无的。反倒是在阳光下眼眶的阴影要比眉毛黑得多，所以你看了……"

哈，最讲精确性的达·芬奇也玩起了模棱两可：你认为没有为蒙娜丽莎画眉毛，那就算没有；你说画了，也可以说是画了，只是被意大利的强阳光淡化得难辨了。

这样，蒙娜丽莎到底有没有画眉毛的问题，还是成了个千古悬题。

"我带你去看看这座城堡吧。佛郎索瓦一世国王小时候常在这花园里踢球，他的妹妹还在这座房子里写了一部著名的小说集《七日谈》呢。"看上去达·芬奇的精神很好，可是当他站起来走路时就显得步履蹒跚了。可他还是执意要亲自带我去参观城堡。

我好生感激。参观完了这偌大的城堡，我又好生奇怪。城堡里面有两个豪华客厅（一个是专门会见佛郎索瓦一世国王的），有可以烧烤的大壁炉餐厅，甚至还有小教堂，应有尽有，却偏偏没有我最想看的也是天经地义该有的画室。

大画家居然没有画室！

我惊异地问："达·芬奇先生，20世纪出过一个大科学家，名字叫爱因斯坦，他这位物理学家做学问空前绝后，不进实验室，不需要实验室；难道您这位大画家也不需要画室？爱因斯坦不需要实验室是在做'思想实验'，可是您不可能发明'思想绘画'呀？"

达·芬奇的脸色霎时阴沉下来，久久不语，右嘴角还在微微颤动，就像他晚年的那幅自画像。

不可思议，刚才我说他自己抄袭自己，他还表现出有容乃大的大家气度，怎么现在只是问他为什么没有画室就气成了这个样子？

难道我踩到他老人家的我却不知情的精神雷区了？

陪同在侧的学生梅尔兹，马上过来解围，对我说："老师太累了，该午睡了，我先送他回房去。然后我带您去花园里看看。那里非常有意思。法国建筑师贝尔纳·维特里，现在已把我老师在手稿上记下的发明创造，挑选最精彩的部分制作了出来，陈列在花园的树丛中、河面上和电影厅内。老师非常赞赏这位建筑师的理解力和想象力，说比500年前的法国国王高明百倍！"

达·芬奇找错了金主

20多岁的梅尔兹很俊美。不由得我生发浮想翩翩。文艺复兴的三大主角——达·芬奇、米开朗基罗、拉斐尔，全都终身未婚，他们是不是不仅复兴了古希腊的艺术、哲学，还把古希腊的苏格拉底、柏拉图等喜欢美男生的"同志"癖好也复兴了？

这不是捕风捉影，我在达·芬奇的手稿中看到，在大批草图中不断有对性别的议题做出非常颠覆性的思考，例如一幅《肉身天使》草图，就描绘了女性肉体上长着男性勃起阳具的图像。

温文尔雅的梅尔兹带我来到大花园。这里林木葱葱、芳草茵茵，溪流潺潺，高纬度法国的 7 月午后阳光，仍然弥散着温柔的春暖。

放眼看去，在一片宽阔的草地上，有一个帆布做得非常优美的螺旋装置。我十分好奇，问梅尔兹："那是什么？"

"那是法国工程师根据老师的笔记制造出来的'雷奥纳多直升机'。老师对我说过，只要快速转动下面的圆盘，就能升上天去。"

"真的？"我立即跑去试飞，竭尽全力快转圆盘，可"直升机"纹丝不动。

梅尔兹有点不好意思，红着脸说："老师设计的飞机也从没有飞起来。不过，你们现在的航空专家说，老师由研究鸟的翅膀而发明的航空器，符合升力原理，有这一点就够伟大的了。"

我们继续前行。走过一座小木桥，看到有几幅巨大的素描——那是将达·芬奇所画的头像、手臂等人体局部复制放大出来的素描，挂在树林中，我触景生情，不由得又问起了刚才得罪达·芬奇的问题："梅尔兹先生，为什么城堡里没有画室？我更不明白的是，为什么我问到城堡里没有画室的问题，您的老师会产生那样激烈的反应？"

梅尔兹苦笑了一声，神情灰暗阴冷下来："老师在很多年前就把主要精力搞发明了，画得很少，画完的就更少，至今连未完成的在内大约只有 15 幅左右！一位大画家一辈子只画了 15 幅画！几年前他画完《施洗者约翰》之后干脆就收笔了，偶尔画几张素描，您说他还要画室干什么？"

"为什么？"

梅尔兹的回答使我既震惊又悲凉。他说，一代绘画宗师，在来法国之前，已被意大利抛弃在遗忘的角落里了。

梅尔兹为我做了个横向比较："来看看老师来法国前 4 年的 1512

年的境遇吧。这年老师满 60 岁。37 岁的米开朗基罗，此时完成了西斯廷教堂 500 平方米的天顶画《创世纪》。继他的《圣殇》和《大卫》雕塑两次轰动罗马之后，又一次以绘画轰动整个意大利。这时候，从教皇、艺术家到普通大众，举世公认米开朗基罗是'当代最伟大的艺术家'。更了不得的是，甚至不怕渎神，众口一词称呼米开朗基罗是'il divino Michelangelo'（神圣的米开朗基罗）。本是我老师的学生辈的米开朗基罗，一下上升到了神的高度！

"再来看看这段时间的拉斐尔。在 1508 至 1511 三年间，这位比我老师小 31 岁的拉斐尔，也成了耀眼夺目的一等星。他完成了教皇委托其画的震撼意大利的两幅湿壁画《雅典学院》（哲学）和《教义的辩论》（神学），一跃成为当代美术巨匠、教皇身边最走红的画师，领导整个意大利的美术潮流。

"在米开朗基罗和拉斐尔完成旷世杰作之时，我的老师在哪里呢？他在意大利北部的小公国米兰，在为法国的征服者当个艺术顾问，做着设计行宫平面图和设计宫廷娱乐活动的雕虫小技。此时老师的主要精力，还放在研究默默无闻的人体解剖学、地质学、地球物理学和水文学。相形之下，曾经如雷贯耳的老师大名，就在小辈米开朗基罗和拉斐尔强光下黯然失色了，被抛弃在无人理睬的角落里！"

"为什么会这样呢？"我很惊诧，"这太不可思议了，您的老师的才华绝不在米开朗基罗和拉斐尔之下呀！准确地说，恰恰是您的老师开创的'三角形构图法''明暗法''空气透视法'以及精确的艺用人体解剖学，导引了米开朗基罗和拉斐尔等小辈，为他们创造杰作提供了崭新的技法基础。发明者的才华当然高于应用者。而且，您老师成名早，按照'马太效应'，应该更具有捷足先登罗马、抢先受到教皇重用的优势呀。"

梅尔兹叹息："可是实际情况是，这位最具艺术野心、招募着全意大利最杰出的艺术家、要把罗马建设成世界中心的朱利奥二世教皇，从没有向我的老师发出过邀请。"

"对啊，为什么您老师不去罗马？为什么不向朱利奥二世教皇毛遂自荐？他有自荐的资本呀。在米开朗基罗和拉斐尔完成伟大湿壁画的十多年前，您的老师就创作了伟大的湿壁画《最后的晚餐》。大家公认，这幅画是文艺复兴进入鼎盛时期的标志，是湿壁画的最高典范，还揭橥了一个新艺术观念——艺术家应该是能画出哲学的思想家。可以断言，如果达·芬奇向朱利奥二世教皇自荐，教皇天经地义会请您的老师而不是强逼着米开朗基罗去画《创世纪》壁画。同样的道理，给拉斐尔的4幅壁画订单也应该是您老师的。甚至圣彼得大教堂总设计师的最佳人选也应该是您的老师，而不是他们俩，因为您的老师是最伟大的全才。可是？"

梅尔兹耸耸肩："我，我也说不清，反正，在朱利奥二世教皇在世时，老师从没去过罗马。"

"难道是您老师清高？"我一心想找出个可解释的原因来，但马上又自我否定了，"不，不对，达·芬奇生性并不清高。他为了推荐自己，表现得很谦卑。譬如，1502年他写给土耳其苏丹巴杰特二世的自荐信，姿态低得有点出格：'我，您谦卑的仆人，听说您计划要盖一座桥梁，来连通伊斯坦堡及加拉太，但因一直找不到合适的人选执行而放弃此计划。我，您谦卑的仆人，可以为您执行。'结果是白白谦卑了，土耳其苏丹没聘用他。他第一次去米兰，当了十几年土木及军事工程师，也是他给米兰小公国斯佛萨公爵写信自荐才成行的。奇怪，您的老师为什么不给非常推崇艺术而又掌握着欧洲三分之一土地资源的朱利奥二世教皇写自荐信？"

梅尔兹反问："这很重要吗？"

"当然，头等重要！"我说，"天大的遗憾，是您的老师找错了顾客，或者说，找错了出大钱做艺术的金主，导致他这位旷世全才浪费了才华，被人遗弃。"

"我不明白。"

"请听我给您证明。翻开世界艺术史，凡是垂名青史的精致艺术，都是那些掌握着巨大社会资源的人无比热衷和大力投资的作品。古埃及的人面狮身巨雕和胡夫金字塔是如此；古希腊的帕台农神庙和菲迪亚斯的雅典娜是如此；秦始皇的兵马俑、罗马的万圣殿和后来的圣彼得大教堂、欧洲的歌剧和交响乐也是如此；一直到当代巴黎的'密特朗十大工程'，都是巨大社会资源注入的结果。有多大的社会订单，就会造就出多大的社会人才。这人才，不是注定是某个天才，可能是A，也许是B，或者是CDE……只要有大订单在，大人才总会被呼唤出来。法国科学家巴斯德有句名言，'机会只给有准备的大脑'；其实只是说了一句大实话。我说，'有准备的大脑'如果不全力去争取最大的订单，那么，即使是伟大的大脑，也可能成为被弃之荒野的废物。您想想看，当时朱利奥二世教皇给米开朗基罗下达画天顶画《创世纪》的订单时，米开朗基罗多痛苦，多不情愿。因为他认为自己是雕塑家，不是画家（确实如此，米开朗基罗13岁时曾跟吉尔兰戴欧学过一点绘画技法，但是时间很短，后来就进入梅迪奇雕塑学校专门做雕塑了），换句话说，他不是'有准备的大脑'，画不了。然而，恰恰是教皇专横粗暴，逼出了米开朗基罗的不朽画作，造就了他自己都没有料到的伟大画家的大脑。我们后世的人倒是应该感谢教皇的粗暴。订单的大小决定人才的大小，这是创造者的宿命。其实何止如此啊，大千世界里的全部生命杰作，包括我们人类，无一不是地球环境不断变迁的这个伟大订单所造就出来的。"

梅尔兹的脸上泛起无限惋惜，唏嘘感叹："可惜伟大订单来得太晚了！朱利奥二世教皇逝世后，接替他的利奥十世教皇，于1514年把62岁的老师请到罗马；可是一切都晚了，老师的心脏病发作及其中风造成右臂瘫痪了，天大的订单也画不了啦！"

确实很可惜了，太晚了。

人生最大的悲剧不是死亡，对于任何创造者来说，其最大的悲剧是老年的一个可怕动态：不可抗拒地不断地走向丑陋和无能。

超前→无效；沉默→隐形

现在我总算明白了，城堡里没有画室，是因为达·芬奇右手瘫痪而用不上了。

梅尔兹还告诉我，达·芬奇除了陪佛朗索瓦一世聊聊天之外，还设计了一场皇室的游园晚会。国王、王后兴奋得不得了，惊赞达·芬奇设计和导演的场景是"人间仙境"。这是达·芬奇的拿手好戏。早在米兰公国时期，大公本来是请他去当军事工程师的，可是大公只喜欢他设计和主持不断举行的游园晚会，而对他发明的新武器，全然没有兴趣。非常讽刺，达·芬奇在武器上的伟大而超前的发明，都成了纸上谈兵（器）。

梅尔兹说，达·芬奇来法国大部分时间埋头在用左手整理他的7000多页的图文并茂的发明笔记。有建筑设计、人体解剖、各种植物的花与叶、几何图、机械图等。他发明的项目多得不可胜数：有飞机、降落伞、大炮、战车、战舰、云梯、各种船只、潜水用具、纺织机、印刷机、起重机、抽水机、卷扬机、挖土机、冶金炉、钟表仪器、聚光镜、望远镜、人造眼球、水库、水闸、拦水坝……涉及的学科广博得近乎神话。有光学、力学、物理学、数学、天文学、水力学……笔记的文字是用古意大利文书写的。他用左手写字，字母全是反的，要用镜子反射复正才能辨认。他本来计划写《人体构造》《光与影》等著作，但没有定稿。他还写了书信体的幻想小说《东方游记》以及几十篇寓言和幽默故事。梅尔兹越说兴致越高，随即背诵起达·芬奇写的一段寓言来：

> 一张纸看到自己身上布满墨点，
> 发泄满腹牢骚和怨言。
> 于是墨点说话了：
> "正因为在你身上写满字迹。
> 你才有幸活到今天。"

"朗诵得好！"这是达·芬奇在喝彩。

不知什么时候，他睡完午觉来到了我们身边。他在兴致勃勃地指导着法国孩子们玩耍他的排炮。他说一声"放"，扇形展开的很多炮

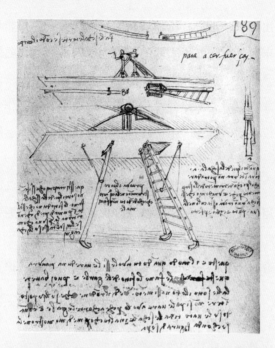

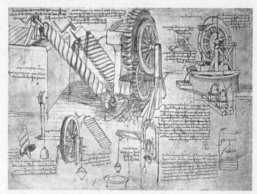

他的 7000 多页的图文并茂的发明笔记，
有建筑设计、人体解剖、各种植物的花与
叶、几何图、机械图等。

诘难达·芬奇
天才活着时被冷藏之谜

管就同时喷出烟来，逗得孩子们雀跃欢呼。他说："我非常欣赏法国人能把一切东西艺术化的了不起的能力。他们不仅把我笔记本上画的战车、飞机、船只、水力升降机、吊桥等等都制作了出来，而且布置得非常新颖非常具有艺术品位。你们看，那边是我的画作素描；哦，另一边有我设计的城堡……不得了，了不得，这是世界上绝无仅有的园林艺术！"

我说："雷奥纳多大师，您发明的排炮原理，在第二次世界大战中苏联军队用上了。他们做成了喀秋莎火箭炮，敌人闻炮丧胆。由此可见，您的发明超前了近500年！"

达·芬奇听了我的这番"超前论"，很感兴趣，从孩子们那边走了过来，说："真的？我的排炮超前了500年？请快说，我还有哪些超前发明？"

"有，而且是一些伟大的超前。例如，在哥白尼发表《地动论》之前几十年，您就认为地球是绕太阳转的，否定了地心说。又如，在比您小200岁的牛顿发现万有引力之前，您就计算出了地球的直径。再如，比起美国莱特兄弟于1903年12月17日试飞成功的第一架飞机来说，您的飞机要超前400多年。不过，我又有个问题想请教您：是不是因为您发明的东西太超前了，因此都没有做成，甚至连您设计的建筑，没有一个能由图纸变成大地上的实物？"

"不，不，有做成的。我现在就带您去看。"达·芬奇十分肯定。

转瞬间，达·芬奇把我带到几十公里之外的古堡——香堡（Chambord）。这是法国卢瓦河流域700多座古堡中最美的一座古堡，周围的狩猎区有5500公顷。就是那位请达·芬奇来法国的法国最后一位骑士国王——佛朗索瓦一世，他非常喜欢打猎，在达·芬奇去世后的几个月，动工建造了这座供打猎后休息的香堡。建筑史家称它为法国文艺复兴式建筑的始作俑者，诗人形容她是位"被风吹拂秀发的淑女"。

然而，达·芬奇很不以为然，指着香堡说："变味了！很难看！这怎么能归属于文艺复兴建筑呢？文艺复兴式建筑是我的老乡佛罗伦萨建筑师布鲁内列斯基发明的。他舍弃哥特式，回归到古代希腊柱式和古罗马大拱顶，在平面上采用了方圆结合。你看这香堡，法国人弄了 365 根烟囱，对应 365 天，他们迷信，如此这般的建造，似乎圣诞老人就可以每天晚上从一根烟囱下来给主人送好运了。这城堡显然还是哥特式嘛！我曾给佛朗索瓦一世国王设计过一个希腊柱式和罗马大拱顶的城堡，他们却弄成了这么个尖头巴脑的东西！不过总算还好，他们用了我的方圆结合的平面设计，即城堡主体是方形平面，中间旋转楼梯是圆形平面。方圆格局是古希腊哲学家柏拉图最推崇的完美形式。我最高兴的是，法国建筑师把我设计的绝无仅有的双旋楼梯保留下来了。好吧，我们进去看看。"

我对达·芬奇关于香堡的不以为然的评论不以为然。"达·芬奇先生，我们后人看香堡觉得它别开生面。它是在哥特式基础上的文艺复兴式，也就是法国发明的文艺复兴式亚种，为欧洲文艺复兴建筑增加了一个新品种。这不是很好吗？您看那些秀丽的屋顶烟囱，虽然是哥特式的繁复样式，但是装饰细节变了，具有了文艺复兴式的根本特征——柱式和拱顶，只不过是微型化了罢了。如果说意大利的文艺复兴式大拱顶建筑，象征古希腊苏格拉底光亮的智能大脑的话，那么法国的微型化的拱顶和柱式，就像是维纳斯女神从海洋诞生时被风神吹着的一头秀发。所以，诗人们才会如此吟唱：香堡是秀发飘拂的少女。"

"哈哈，年轻人，你懂什么！"达·芬奇很不客气地教训我，"法

如果说意大利的文艺复兴式大拱顶建筑，
象征古希腊苏格拉底光亮的智能大脑的
话，那么法国的微型化的拱顶和柱式，就
像是维纳斯女神从海洋诞生时被风神吹着
的一头秀发。所以，诗人们才会如此吟唱：
香堡是秀发飘拂的少女。

诘难达·芬奇
天才活着时被冷藏之谜

国人建造不了大拱顶，还没有掌握这门技术，他们才出此下策的。建造大拱顶是意大利人发明的尖端技术，很保密，法国人不会。我本来想教他们，遗憾的是，这座城堡还没动工我就去了天国了。我推断，是因为法国人没法按我的图纸施工，所以才改成你说的'微型化拱顶和柱式'了，懂了吗？"

哎，这倒说得有道理。是啊，法国最早的大圆顶建筑是路易十四时代的巴黎荣军院教堂，即现在的拿破仑棺椁存放地。也就是说，法国人可能在17世纪才掌握了大拱顶技术，比香堡要晚一个世纪了。

达·芬奇带我到了最奇特的双螺旋楼梯前面。在城堡的中心位置，有根从底层到屋顶的柱子，外面围着八根大柱，楼梯就架内柱和外柱之上旋转而上。奇特的是，不是通常的一个旋转楼梯，而是像生命遗传密码DNA那样的两条双螺旋楼梯！

从我拍摄的数码照片上可以看到，画面中间的在外柱间开的门洞，是一个楼梯的进口。由此登梯右旋上去可以到达上一层楼。请特别注意，在这个门洞上方，出乎意外的还看到另一条旋转楼梯的栏杆。这个楼梯的登梯入口在哪里呢？往右转，在图片外的右侧，就可以找到另一个登梯入口。这就是说，在同一层，就有两个楼梯入口，人们可以分别沿着两个平行上旋的楼梯登到上一层，而两个楼梯上同时上楼的人却互不相见。

我感叹："这是人类建筑史上独一无二的双螺旋楼梯！"

达·芬奇老人听了非常高兴，高兴得眼圈都湿润了，他立即让城堡的服务人员去拿来了香槟酒。

梅尔兹提醒老师不能喝酒，还用手指指心脏，可他坚持和我碰杯。就在碰杯时，我又被碰出了一个质疑性的问题；但是，我看到他现在

这是人类建筑史上独一无二的双螺旋楼梯!

诘难达·芬奇
天才活着时被冷藏之谜

如此兴高采烈，话到嘴边又咽下去了。

咽下去的话，只能在我的心里无声地对着达·芬奇嘀咕："如此奇妙的楼梯，为什么独此一家？佛朗索瓦一世国王在香堡建成以后还下令建造了巴黎南郊的枫丹白露宫和巴黎的罗浮宫，为什么都没有采用达·芬奇您的双螺旋楼梯？我猜，是您发明的双螺旋楼梯纯粹是猎奇，很不实用。您想啊，在打猎的行宫或居住的王宫中，哪会有那么多人要同时沿着两条楼梯上下？再说，您这种双楼梯比起单楼梯来，其每层的建筑高度要高出一倍！这太浪费建筑空间了。而且更糟糕的是，6米以上的房间高度，根本就没有相匹配的家具，那上面不就太空空如也了吗？多难看！"

我又把眼光投向那举世无双的双螺旋楼梯，在香槟酒的催化之下，涌动着更多的内在感慨：米开朗基罗设计和建造的是全球至今最辉煌最精致的圣彼得大教堂大圆顶，也没见他欣喜若狂过；可是达·芬奇这位文艺复兴的顶级天才，就弄成了这么一个双螺旋楼梯就高兴成这个样子！为什么会发生这晚年的"廉价兴奋"？那是因为他一辈子的建筑设计没有一个是建成的，他一辈子所有的天才发明没有一件是做成的，所以，有这么一点"智能的对象化"成果，他就喜出望外得不能自已了。

我萌生了很不是滋味的恻隐之心。

我不再忍心残酷地向他点破，是因为他的发明太超前导致了他"子虚乌有"的结局。

他发明的飞机、战车、战舰、可启合桥梁等等，起码要在内燃机的动力实现之后、特种金属材料出现之后，才会有实战实用价值，可他却超前了三四百年！

先驱者是没有实际价值的。

有人可能会为他辩解，说，他的创造只是为了显示自己的创造力，只是为了满足亚里士多德说的那种"创造好奇心"，并不追求实际目标。不，谬矣，这不是达·芬奇的发明心理机制。举个例子吧。1476 年 4 月至 6 月间，24 岁的达·芬奇和 3 名青年，被佛罗伦萨的一个委员会传唤，要求他们出庭答辩有没有同性恋的指控。这个案件虽然很快被撤销，但对他决心由艺术家兼当发明家起了很大的影响。他当时就针对被囚禁这个恼火的经历，设计出了许多从监狱逃亡的工具。这不是很能说明他搞发明极有实用针对性吗？

还可能有人为这位天才圆通，说他的发明虽没有实现，但给后代发明家提供了启示，起到了牛顿说的"巨人肩膀"的伟大作用。呵，这也是毫无根据地想当然。准确的事实是，他的发明智能一直尘封在他的手稿里，没有进入人类的知识传承系统。莱特兄弟并不是看了达·芬奇的飞机草图受到了启迪而发明出真正的飞机的，苏军喀秋莎火箭炮的发明也与达·芬奇没有一丝"链接"的关系。因此，从对人类智能库的贡献而言，达·芬奇的先知先觉没有任何实际价值。

——哦，他又到我面前来向我举杯了，我不能把上面感悟到的"先驱者的精神悲剧"对他说，因为梅尔兹告诉我了，他有严重的心脏病，不能刺激他了。

"年轻人，您的眼睛直勾勾的，在想什么呢？"达·芬奇笑着问我。

"哦，哦，我在想——想，您还是文艺复兴的思想家呢，"我赶忙想出了一个让达·芬奇保持快乐的话题，"我看到过与您同时代的瓦萨里，就是米开朗基罗的好友，他写过：'雷奥纳多不相信任何宗教，认为当一名哲学家比当一名基督徒要高明得多。'说得多精彩啊！

米开朗基罗不喜欢教皇，痛苦无奈地顶撞过教皇，但是他没有像您那样上升到对宗教的批判。拉斐尔就更不能比了，他只晓得歌颂教皇，拍马屁。他的把圣母画成人间美女的人文主义倾向，不是来自思想，而是来自感性的自发性。"

达·芬奇又一次和我碰杯，体现"人逢知己千杯少"的快感。他满面红光，贴近我的耳边用很小的声音说："您去看看我的手稿，那里面批判宗教的思想就更多、更犀利了。我写过，'教会是一个贩卖欺骗的店铺''假仁假义就是圣父'，厉害吧？我还宣言：'真理只有一个，它不是在宗教之中，而是在科学之中。'您前面说了，我敢于指出《圣经》的谬误：地球不但会动，而且在绕着太阳旋转！"

我说："您的思想确实伟大而且极其危险。比您小96岁的布鲁诺就是说出了地球是会动的就被教会烧死在罗马的鲜花广场了。"

"是啊，非常恐怖。我可没有像他那样到处演说，而是只记录在我的一刻都不离身的手稿本里。为了保密，我用左手书写成反字，如果不知道用镜子反射来读，根本不知道我写的是什么。"达·芬奇为自己是识时务的俊杰而有着自得的快感。

我却不由得悲上心头，又对着达·芬奇在心中犯嘀咕："达·芬奇先生，您可知道，之所以被称为思想家，不是他仅仅萌生了先知先觉的思想，最根本的还是在于他能大声地说出来，即把他先觉到的社会时弊的恶瘤，振聋发聩地剥离出来。此时，精英理念就在大声说出中转化为颠覆性的大众意志，造就出摧枯拉朽的思想力量。咳，可敬可叹的达·芬奇思想啊，却被您聪明谨慎的左手默写，深埋在手稿本里了！充其量您只是一个'隐形思想者'啊。"

然而，此时我面前的达·芬奇一点儿也没有因"无效发明家""隐形思想者""找错了金主"等等遗憾，他拿着香槟酒杯，在香堡十字形大厅里走来走去，逢人都在宣讲他后来在遗嘱中写的那句名言："一日充实，可以安睡；一生充实，可以无憾！"

"哈哈哈……哈哈哈……"这回是我在嘲笑自己了。可笑！荒诞！雷奥纳多·达·芬奇自己觉得终生无憾，可我却愣给他强加了那么多遗憾，这不是无事生非吗？

在自嘲的笑声中，忽然觉得有人在给我画像。定睛一看，原来是大名鼎鼎的法国达达主义艺术家杜尚。这家伙很怪，买了一个男用小便池，在上面题了个标题《泉》，就说是件艺术品，后来居然还成了美术史上的名作！现在他用铅笔在一张印刷品上给我画像，不知又要搞什么鬼花样了。

杜尚三下两下就画完了，就像巴黎给游客画像的街头画家那样，迅速在画上签了个名，把画交给我，说："这是您的画像，请付钱。"

"这就是我？您那幅 1919 年涂鸦而成的《L. H. O. O. Q》成了我的肖像？搞什么名堂，我怎么成了长胡子的双性蒙娜丽莎了？"我大呼小叫不肯给钱。

杜尚斩钉截铁地对我说："毋庸置疑，确实是您的画像。您忘啦？是您要我画的呀！画之前您口中念念有词，说：新新'青蛙人'，最爱把两栖得来的超量信息做超常组合的智能游戏，于是，就在常人认为不该有问题的地方提出了一个又一个聪明的问题来，因为爱因斯坦说过，聪明的问题比聪明的答案更有价值。好，我就根据您自吹自擂的广告词画您的肖像，让蒙娜丽莎不该长胡子的地方长出了胡子，这不正好符合你们中国画的'神似重于形似'理论吗？"

"啊哈，是这样！好一个'神似'了得！好好好，是我的'神似肖像'，我买下了。我给钱，价位和法朗索瓦一世国王当年想买《蒙娜丽莎》所开的天价一样,12000金埃居,怎么样? 这够您买下三座达·芬奇住的古堡去'达达'了! "

退化即进化

中国上海世博会的澳大利亚馆是特受观众青睐的馆之一。外立面就很稀罕，是锈迹斑斑的钢。钢铁的本性或者说劣性就是会氧化锈蚀，故高科技都奋力弄不锈钢。澳大利亚人偏偏要反动，他们的高科技偏偏是"退化技术"，在钢表面涂一层特殊涂料故意让钢生锈而又不影响强度。退化的目的是为了实现一个匠心独运的创意：让该馆的外貌象征澳大利亚广袤无垠的红土地。

反动——退化——创意，让我忆起那一年在这个红土地国家做的白日梦。

闷秋。我独自从巴黎飞往澳大利亚的悉尼市。

存在主义哲学家们说过，人感知到的世界是语言描绘出来的世界，人存在于自己的语言中。譬如，我的奶奶和外婆都信誓旦旦地对我说

165

过，她们都曾经看到过鬼，因为她们的语言是"世界真有鬼"的语言。

我从巴黎到澳大利亚去之前，在我的语言中就知道"澳大利亚"这个名词的来历。古希腊人发奇想：大地的北面、即他们脚下踩着一块大陆，从平衡原理来说，南面也应该有一块大陆。到了公元 1 世纪的托勒密[1]，干脆把这个猜想的南方大陆正式画入了地图并取名为"未知的南方大陆"（Terra Australis Incognita），从此开始就有了神秘兮兮的"澳大利亚"（Australis）。一直到 18 世纪由英国库克上校率领的一艘考察金星的船偶然航行到这里登陆，才正式宣布发现了古希腊人语言描绘的南方大陆。在欧洲人传授给我的语言中，"澳大利亚"就是南方的未知与神秘。大概因为这，我在这个国家老是做白日梦——一个人踽踽独行时被神秘、新奇刺激起来的那种潜意识流。

为什么孬种的后代与好种的后代一样好？

我在悉尼市早期移民老区洛克斯区见到了库克上校 1770 年登陆的"登陆纪念碑"。看着这个碑我就晕晕乎乎与库克上校对上话了。聊了一阵后我突然想到一个古怪的问题：

"上校先生，最初的澳大利亚移民，绝大部分是英国流放来的小偷、强盗、流浪汉等罪犯，可是为什么这个贼窝、强盗窝里孵化出来

---

1 古希腊天文学家、地理学家。

钢铁的本性或者说劣性就是会氧化锈蚀，
故高科技都奋力弄不锈钢。澳大利亚人偏
偏要反动，他们的高科技偏偏是"退化技
术"，在钢表面涂一层特殊涂料故意让钢
生锈而又不影响强度。退化的目的是为了
实现一个匠心独运的创意：让上海世博会
的澳大利亚馆呈现出广袤无垠的红土地
风格。

退化即进化
在澳大利亚的白日梦

的'孬种'的后代（今天的澳大利亚人），和英国本土的'好种'孵化出来的当今的英国人，具有同样高的物质文明和道德水准呢？"

没想到约有 300 岁的库克上校居然讲出了一个雷人的新观念，他说：

"一个国家或者一个人的文明程度的高下，绝不是靠圣哲或政客的道德说教，而是取决于两条——必要条件是富裕，充分条件是受教育程度高。今天的澳大利亚人和今天的英国人在富裕和受教育程度两方面相当，所以孬种的后代与好种的后代的文明程度相当。你们中国不也有'仓廪实而知礼节，衣食足而知荣辱'的古训吗？"

哈，我第一次体验到白日梦比黑夜梦更神奇，梦呓中可能有奇谈怪论或者说可能有妙思奇想呢！

飞上去是了不起的进化

我来到悉尼的塔龙卡动物园。这个国家的生命系统也非常玄妙。你看他们国徽上的两个动物就很妙：袋鼠似鼠不是鼠；鸸鹋似鸵鸟非鸵鸟。独特的生命里会蕴含独特的生命智慧吗？

我来到一个巨大的玻璃房前。这是围出了一个人造南极。袖珍的海洋，袖珍的极地。有 1.2 米高的黑背、黄胸、白腹的帝企鹅，或在"海"中轻盈疾游，或在雪地蹒跚移步。我看它们，它们看我，看久了，白日梦又开始了。

帝企鹅突然对我"弘法布道"起来——

你们人类的眼光很不行。只是看到我们一个个是穿着黑色燕尾服、黄背心、白裙子的怪肥婆，走路笨拙可笑，很像马戏团的小丑，所以前来欣赏我们的滑稽。你们根本看不出我们具有释迦牟尼那样的般若大智。

佛陀教导你们要"放下我执"，对吧？什么叫"放下"？你们说不清楚。我说，"放下"就是生存的"减法"。我们帝企鹅，为什么能够独一无二地在地球上最冷、最干燥、风暴最多、风力最大的南极极地生存繁衍？其奥义就是"减法"。我们勇于把鸟类亿万年进化而得的最高成果——飞——给减掉，于是绝处逢生、柳暗花明。我们创造了一个奇特的生命悖论：退化即进化，减法就是加法！

为了说明"飞"这个了不起的进化成果，我不得不先引用一点达尔文发明的进化论。他说得对，生命始于海洋，从原生动物进化到了爬虫类，生命才拓展到了陆地。爬虫类中的初龙类，不停地基因突变，开始向空中进军，它们就是我们鸟类的老祖宗。虽然此时昆虫早飞上去了，但是我们的老祖宗看不上眼，因为昆虫只能在20米高的地方打转转，哪能算真飞？和我们祖宗同时期想飞上天空的还有翼龙，可是，翼龙进化得不高明，那翅膀是翼膜，很容易被树枝什么戳破。我们鸟类祖先的志向是做真正的完美的飞行者。当然，这是极难而又极其漫长的进化过程。我们的祖宗把身上的鳞渐渐基因突变成羽毛。前肢在不停地滑翔中进化成了能产生神秘升力的翅膀。翅膀的扑动需要占体重20%的强大胸肌来完成，胸肌要有强固的支点，于是基因突变出了有龙骨凸起的发达的胸骨。为了供给高飞所需要的高能量，首先，由冷血动物变成恒温的热血动物，并把体温升高到38 ~ 45℃，以大大加强代谢能力。大的新陈代谢需要消耗大量的氧，我们就在肺之外进化出9个气囊，扩大肺活量。为了使运载氧的血液回流高效，心脏进化到了2室2房，和你们人类的心脏一样完善。要飞得节能，就得尽量地让身体变轻，我们把骨头弄成空心薄壁的轻骨头（比如鹈鹕的骨骼重量就不到体重的十分之一）。我们又把肚子里的肠子弄短，干脆取消了直肠，取消了膀胱，一有粪尿就往外排，因此落了个"洒向全球尽是臭"的坏名声。甚至为了轻，连雌鸟的一对卵巢也砍去了一半，只剩下左边那一个。子宫里一有蛋，立即就生掉，绝不怀孕负重飞行。再说我们的眼睛，是目前生命界进化的最高成果，号称"视觉冠军"。拿鹰眼和你们人眼做比较吧：人眼中只有一个中央凹（视觉敏感区），上面的感光物质约为每平方毫米147000个，而鹰眼却有两个中央凹，其感光物质是每平方毫米100万个，是人眼的7倍；人眼瞳孔的直径是3毫米，而鹰眼瞳孔的直径是6毫米，又是人眼的两倍！此外，鸟眼的水晶体曲率调整能力是所有动物中最强的。哺乳类动物只有猿和人能看到彩色，有色彩感觉，而我们鸟类看到的全是彩色图像，我们的色彩感在进化时间上还早于你们。我们之所以有一对好眼，都是因为飞而造就的。还有，我们为了应对飞行中的最复杂的运动，脑中主管运动的网状组织也是你们人类所不能相比的。

　　总之，我们的祖先——在德国巴伐利亚采石场发现的始祖鸟——在1.5亿年前的晚侏罗纪，也就是恐龙称霸大地的时候，就征服了第三维的天空，成了真正的飞行员。这是多么来之不易、多么不可思议的进化成果啊！我们得到了爬虫类不可能吃到的美食——吃到比我们先飞起来的亿万昆虫，我们还能随心所欲地空降到地上，去分享爬虫类的食品，还能俯冲入水中去抓爬虫类吃不到的海鲜。飞，我们吃遍、玩遍海陆空！真是海阔天空！

正是因为会飞，当地球面临一场灭顶之灾时，不可一世的恐龙，包括会飞的翼龙，全部灭绝，而我们鸟类因为拥有空、陆、海三维的生存资源，风景这边独好！和所有陆生脊椎动物（包括你们人类）相比，我们是品种繁衍得最多的一个类群，有 8600 多种！这一切的一切，全归功于进化出的伟大的"飞"！

放弃飞是更了不起的退化

你们人类说进化才能救亡，进化才能兴旺，发展才是硬道理，成为你们创立的生物学的公理。

可我们企鹅，却敢向这个硬道理、公理挑战，放弃了鸟类最伟大的进化成果——飞！

你们看着我们今天如此笨重的样子，绝对想象不出企鹅本来和海鸥、信天翁是叔伯兄弟，来自同一祖先。也就是说，我们本来就是会飞的海鸟。

我说不清我们企鹅祖先当初是出于雄心、野心、好奇心，还是被环境所逼的无奈心，居然决定把一切生命的地狱——南极大陆和其周围的洪保德海流圈——作为安身立命的家园。

南极，没有一寸土壤，连最有生存活力的小草也没能到此表现生命。这里没有能飞的昆虫，空中没有任何生存资粮，那我们鸟类的最可骄傲的"飞"还有什么价值呢？别说空中一无所有，就是地上也是可怕的"零资源"。

要活，只有退回到生命进化的摇篮——海洋中去。我们敢退、敢减，最了不起的"放下"是不飞了。

我们把荣耀的翅膀退回成古老祖先鱼类的鳍。我们放弃可攀、可握、可抓、可走、可跳的全能的脚爪，让其在指间再生出鱼类的膜，成为只能划水的单一功能的蹼。为了深度潜水，我们放弃了绝妙的可充气的空骨，又退回到实心的重骨。我们不吝惜鸟体形的轻盈优美，拼命加厚皮下脂肪，成为丑角，以抵抗−30℃到−80℃的极地严寒。然而，我们仍然保持了鸟类最先进的恒温和高体温，保持了最前卫的心血循环系统和呼吸系统。请记住，我们的生存策略是选择性的退化。

这一退化比进化更了不起，开拓出了鸟类生命的超想象力的新边疆。

我这1.2米的鸟类大个儿，能潜水265米，在水中可以18分钟不呼吸，创造了鸟类的吉尼斯纪录。巴布亚企鹅的游泳时速达每小时27公里，当然是鸟类之最。我们享受到了从浅水到深水的磷虾、乌贼和各种甲骨动物。我们把鸟类向上的三维立体生存空间倒转过来变为向下的海洋中的立体生存空间。

所有生命活着的目的是什么？只有一个，就是拷贝自己的基因，俗话叫传宗接代。所以，所有生命关于生儿育女的事都弄得极其美丽、极其激越、极其快乐、极其不惜一切代价。为了不让任何天敌坏了我们帝企鹅的头等乐事，我们不在海中，而是到谁也来不了的南极大陆上去产卵、孵化。

这一决策，又使我们帝企鹅创造了两项动物界奇迹，两项吉尼斯纪录。

要活，只有退回到生命进化的摇篮——海
洋中去。我们敢退、敢减，最了不起的"放
下"是不飞了。

退化即进化

在澳大利亚的白日梦

第一，创造了在地球上最冷的温度下产卵，而且无须筑巢，全裸露作业的奇迹。

第二，塑造了生物界最伟大的父亲形象。每年4月到9月是南极的冬天，太阳逃之夭夭，全是黑夜。我们帝企鹅夫妻们储备了充足的脂肪能量，丈夫陪同怀孕的太太，摇摇摆摆向南极大陆的深处走去。一路暴风雪，一路暗无天日，步行100多公里，来到了生命地狱的腹地。太太们站着分娩，只产下一卵。然后用脚将卵传到先生脚上，来回传几次，以检验是不是优种。倘若在夫妻来回传卵时掉在地上了，证明是孬种，就丢弃不孵了。我们就是以这种奇特的方式来保证个个优生的。如果是好卵，父企鹅们就将卵小心翼翼地捧在双脚上，再把下腹部的一片肥皮垂下，包裹住卵，在零下70、80摄氏度的外温下保证有零上33摄氏度的恒温。父企鹅们就这样头顶黑夜、不吃不喝挤在一起，平均要站上63天才能孵化催生出小宝贝！天下哪有这样伟大的父亲？母企鹅们产卵后就返回海里去捕食了。在丈夫孵出小企鹅之时，她们凭着叫声找到自己的丈夫和幼儿，接过丈夫的班，用自己的嗉囊分泌物喂养小企鹅。此时，伟大的父亲已是骨瘦如柴，赶紧奔去海中补食。以后父母轮换去海中觅食回来喂养小宝贝，一直到南极的夏季到来、食物富足之时，父母们才领着小企鹅奔向大海。

一言以蔽之，我们的退化是创造奇迹的伟大退化：我们征服了南极"地狱"，开拓了生命的新维度；我们创造了鸟类游泳速度和潜水深度的最高纪录；我们空前地在地球之冷极产卵和孵化小贝贝；我们塑造了生命中最伟大感人的父亲形象。

好，我的故事讲完了，你该信服了吧？我要强调一点，我讲的不是你们人类作家伊索、拉封丹写的那种动物寓言，我说的是企鹅灵与

"我发现，你们人类中只有一位中国人
和六位意大利人有'企鹅性'。"

（从左至右依次是但丁、薄伽丘、拉斐尔、
彼特拉克、米开朗基罗、孔子、达·芬奇）

退化即进化 |
在澳大利亚的白日梦

肉的真实故事。好，对不起，我饿了，再见！哦，我还要补充一点，我发现，你们人类中只有一位中国人和六位意大利人有"企鹅性"。再见！

"请等等，帝企鹅先生，"我喊道，"您说的一位中国人和六位意大利人是谁？"

"一位中国人是孔丘，也叫孔子；六位意大利人是但丁、彼特拉克、薄伽丘、达·芬奇、米开朗基罗、拉斐尔。再见！"

此时，一位穿着羽绒防寒服的饲养员，提着个大桶，走进大玻璃房，请企鹅们用餐。企鹅亢奋，游客鼎沸，照相机的镁光灯频频闪烁。咳，我的带着大问号的白日梦被这突如其来的热闹和辉煌截断了！

"企鹅性"的谜底

为什么企鹅（或者说是潜意识中的我）说孔子和文艺复兴六杰有"企鹅性"呢？我得好好来解一解这个潜意识的谜语。

孔子，孔子怎么样？在他那个时代，应该说他是当时"进化"到了文化最顶端的人。可是当时的文化生态十分恶劣，社会动乱，王室衰颓，官学败坏，文化典籍流散民间，史家把这叫作"文化下移"。孔子三十而立之后，因为向各国上层国君兜售安邦治国文化的失败，他退到民间开设私学，在庶民中广收门徒三千，结果是开创了中国几千年的显学——儒学。对，这就是企鹅那样的"在进化成果的最高处来个选择性的局部退化策略"，因而开拓了中国政治哲学和伦理哲学的新景观。

什么是意大利的文艺复兴？不就是 14、15 世纪的意大利文化顶级人物但丁、达·芬奇等，在经历了欧洲"黑暗的 1000 年"之后的最荒漠的艺术生态中，退到古希腊的哲学、艺术里，由此出发，开辟了一片人文主义的新天地吗？

还有吗？还有更要紧、更可怕、更迫切的呢！人类高度进化或者说社会高度发展弄得生存环境毒化、地球资源枯竭、濒临物种灭顶之时，所想到的只是同室操戈，挖空心思发明更高端的毁灭性武器去消灭对方而图争得资源，最后的结果很可能是同归于尽。为什么不能谦卑地一起引进企鹅们原创的"退化即进化"的秘密呢？不过具有"高智型自私"的新人类要学太难，太难，太难……

哈，这是白日梦中帝企鹅说的"企鹅性"的标准答案吗？

温蒂的烦忧

骂总统与骂老板的一堆乱码

　　早在 20 世纪 80 年代，我作为中国作家代表团的成员，参加了在美国洛杉矶 UCLA[1] 举办的中美作家第三次会议。美方有诗人金斯堡、作家索尔兹伯里等；中方有唐达成、邓友梅、张洁、舒婷等。开完会陪同我们在美国旅游一大圈的美方工作人员，是一位会说一口地道汉语的温蒂小姐。让人感到蹊跷的是，她一路上不停地用尖锐的语词批评时任美国总统里根。

　　我很好奇："温蒂，里根总统不是你们投票选出来的吗？怎么你老在骂他呢？"

　　"骂总统是爱国！"她语出惊人，"权力这东西不被盯着管着就

---

1 UCLA，指加利福尼亚大学洛杉矶分校（University of California，Los Angeles，简称 UCLA）。
　　——编者注

会胡来，所以要时时监视总统。"

"你批评总统他又听不到，即便听到他可以不理你，你又奈何？这管什么用？"

"管用！我骂着，说明我在履行我监督的权利。大家都这么做了，就形成一种民意。总统及其团队在施政时不得不考虑民意，不然他在白宫就待不下去了！"

回国后不久接到温蒂的来信，文字里井喷着愤懑与无奈。她告诉我，因为她采写的一篇新闻稿的观点与老板相左，老板不准见报，温蒂据理力争而与老板争吵了起来，她一激动骂了老板，结果她被解雇了！

我感到匪夷所思，给她回信问："温蒂，你说骂总统而不骂国家是爱国；按这个逻辑，你骂老板而未骂报社应该属于爱报社的行为，为什么被开除了呢？"

温蒂对这个二律背反问题没有回答。我当时也没有继续追问，因为这与我的生活太不相干了。

然而没想到命运作弄我，没过几年就让我旅居到了法国。尽管这里是现代民主制理论的发祥地，但仍然是一个"骂总统没事、骂老板要失业"的地方。温蒂式的二律背反遭遇，不断亲见亲闻，自然就逼得我要去追问：

为什么总统可以骂得而老板骂不得呢？

对总统的中西人文假设

在阅读西方"蓝眼睛"们写的关于政治权力属性的书本时，发现他们与我们"黑眼睛"所看到的迥然相异。

在中国的政治文化中，认定政治公权力是中性的。若圣贤为天子，譬如尧舜禹等，定是朗朗乾坤、清明盛世，那就是好政治；若昏庸暴君当帝王，譬如夏桀商纣秦始皇等，必国无宁日、民不聊生，那就是坏政治。因此，数千年来中国人有个集体潜意识：祈望在自己的有生之年碰上个好皇帝治下的好政治生态。

西方最早的政治学著作当是古希腊亚里士多德的《政治学》。但最早涉及政治权力价值属性的是意大利马基雅维利的《君主论》（1513年成书）。《君主论》主张一个君主为了达到自己的统治目的，不要怕留下恶名，要敢于使用暴力手段解决那些非用暴力解决不了的事。在守信义有好处时，君王应当守信；当遵守信义反而对自己不利时，或者原来自己守信义的理由不复存在的时候，任何一位英明的统治者绝对不能、也不应当遵守信义。它还告诉君王，"必须学会将这种品格掩饰好"，习惯于混充善者，敢做口是心非的伪君子。因此，有人说马基雅维利写了一本"恶棍手册"。马基雅维利是第一位站出来为权力之恶的正当性正名的人。他认为纵使是英明君王的公权力，天经地义、理直气壮地应该为"恶"的。

孟德斯鸠:"一切有权力的人都容易滥用
权力,这是万古不易的一条经验。有权力
的人们使用权力一直到遇有界限的地方才
会休止。从事物的性质来说,要防止滥用
权力,就必须以权力制约权力。"

温蒂的烦忧
骂总统与骂老板的一堆乱码

17 世纪的英国霍布斯，他认为人类天性自私、暴戾、孤独，为了建立共同需要的契约秩序，要有一个如利维坦[1]似的威权来维护，以恶制恶。霍布斯从人性"性本恶"的前提来判断，得出"权力之恶绝对必要"的结论。

到了 18 世纪，法国启蒙思想家孟德斯鸠提出了一个"人非天使"的假设，诠释了政治权力的基本性质。他说，人非天使，由人组成的政府当然也不是天使组群。人的本性决定了权力的本性会导向背离天使的邪恶。人必须有外在的制约，政府更必须有外在的控制，否则，就会从"必要的恶"转向"必然的恶"。他又说："一切有权力的人都容易滥用权力，这是万古不易的一条经验。有权力的人们使用权力一直到遇有界限的地方才会休止。从事物的性质来说，要防止滥用权力，就必须以权力制约权力。"孟德斯鸠从"人非天使"的假设，得出了政府是必须受制约的"必要的恶"的推理。

20 世纪的科学哲学家卡尔·波普尔，在他的政治哲学中把君王、政府换成了同义的国家，他认为："国家尽管是必要的，但必定是一种始终存在的危险或者（如我斗胆形容的）一种罪恶。因为，如果国家要履行它的职能，那它不管怎样必定拥有比任何个别国民或公众团体更大的力量。虽然我们可以设计各种制度，以使这些权力被滥用的危险减少到最低限度，但我们绝不可能根绝这种危险。"波普尔在这里说的是民主制国家。他表达了无奈，权力滥用之恶是无法根除的。

一言以蔽之，400 多年来的西方思想家对政治权力的假设完全不同于东方。他们认定国家或政府的公权力其本性不是中性的，而是邪

---

1 在基督教中的利维坦即恶魔。

恶的。这便是他们提出分权制的理论前提。

然而，从孟德斯鸠到波普尔，他们只是说"权力会被滥用"而定性权力为邪恶，可是为什么不彻底铲除这个邪恶，反而说这个邪恶是必要的呢？

在法国仰慕笛卡尔的"我思故我在"的我，一直思不出个头绪来，满脑子是一堆理还乱的乱码。

对老板的中西人文假设

此外，在法国的感性加理性的观察，又生发出一堆让人惊愕不已的乱码。

法国私营企业的运行制度竟然全是典型的君王独裁制。理由有三：一、老板的权力与君王一样是终身制，他可以天经地义地一直干到死才撒手放权；二、企业帝国最高权力的移交是世袭制，儿子天经地义世袭当老板；三、一言九鼎的老板任免所有职员，与"皇帝朝廷命官制"别无二致。这样，就迫使法国人以及所有在民主体制下的公民，生活在"一国两制"的尴尬中。在政治生活中享受民主自由（可以像温蒂那样自由地骂总统），但在经济活动中被迫接受专制独裁（如温蒂那样一骂老板就丢饭碗）。

专制与民主，如同水火交加于同一个人，精神岂能不被撕裂？

纳闷的是，西方历代思想家们，没有见到他们批评老板的独裁制，没有听到他们指出老板"并非天使"因而会滥用经济权力而导致邪恶，更没有看到他们开出分权而治的药方来驱邪。

倘若用利益攸关程度来衡量，对于每个个人来说，老板远远重于总统。总统是虚，见不着。老板是实，可能天天要面对。总统出错，关系到的是一个阶层或者整个国家的负面效果，个人未必有切肤之痛；可老板不喜欢你，就立竿见影地针对着你与你的家庭的"民以食为天"的生计了。经济自由是人的第一自由，比政治自由更为重要。

不由得要问：西方启蒙运动思想家们在颠覆政治专制而设计现代民主制时，为什么没有扩展到颠覆经济领域的专制独裁制？更值得玩味的是，第一位提出公权力要分权的洛克说了一句广为引用的名言："财产不可公有，权力不可私有，否则人类必将进入灾难之门！"按照洛克的说法，老板的财产权是万万不可剥夺或"公私合营"分权的，不然人类将会大难临头。

回到东方，我们虽然从不说政治权力是邪恶的，但鲜明地贬抑商人的经济权力是不义的。在中国的政治文化中，自战国开始就提出"重本抑末"（重农而抑商）的政策，整整延续了1000多年。明代开国皇帝朱元璋竟把商人当作犯人关起来，他说："若有不务耕种，专事末做（即从商）者，是为游民，则逮捕之。"亚圣孟子说："为富不仁矣，为仁不富矣。"中国民间谚语称"为商必奸"。唐代大诗人白居易在《琵琶行》中对商人的勾画是"商人重利轻别离"，即这等人全都是重利轻义之徒。按照中国的人文预设，老板乃是彻头彻尾的邪恶之徒。中国人的仇商恨富心理，像盼好皇帝一样是民族的集体潜意识。

不过，在西方的思想家中有一位认定老板是邪恶的，他就是曾被人类热烈拥戴过的马克思。他在《资本论》第一卷中就提出一个共产主义的原则——剥夺剥夺者。资本家（老板）被他定义为邪恶的剥夺者。资本家在剥夺小生产者的生产资料过程中，原始积累了染血的资本。他们又残酷地剥夺工人阶级的剩余劳动价值以无限扩张资本，因此"资本来到世间，每个毛孔都流着血和肮脏的东西"。这些剥夺者受贪得无厌地攫取利润欲所驱动，会大规模地盲目生产，造成生产过剩而发生一次次经济危机，严重破坏社会生产力，社会溃败而导致最先进的工人阶级登上历史舞台。接着马克思开出了一个"剥夺剥夺者"的济世药方：无产阶级掌握国家政权后，必须剥夺资产阶级的全部生产资料，消灭资本主义私有制，建立生产资料公有制，由无产阶级先锋队共产党来代表劳动者的利益管理公有制。其美妙前景是，生产力的发展是"一天等于二十年"，物质财富如洪水般涌现，人人过着各尽所能、各取所需的并有个体充分自由的共产主义天堂生活。

然而，半个多世纪轰轰烈烈世界性的红色实践，马克思的预言未能实现，东欧、苏联治下的人们选择了走回头路——总统依旧，老板依旧，而中国选择了"改革开放"。

此外，几千年的经济史一再证明，重商主义是国家崛起的秘笈。经济学泰斗人物亚当·斯密在《国富论》中论证，老板在自由市场中获得私利时会派生出一只"看不见的手"，同时为社会谋取福祉。

更扑朔迷离的是，经济领域只适合独裁式管理。所有私人企业的绝对权力不仅不导致绝对腐败，反倒非常具有竞争活力。以法国为例，凡受国家、工会等掣肘而被弱化了绝对权力的法国国有化企业，个个半死不活，肾虚亏损，远远不如私人企业。

唏嘘，老板的专制独裁与自私重利不仅无可厚非，而且要奋力维护！

乱码，又遭遇更乱的乱码！

在城市的起源处解码

没想到，我在担纲 2010 年中国上海世博会主题馆之城市足迹馆的总设计时，却意外地解码了。

城市足迹馆的第一厅是"城市起源厅"。我在阅读路易斯·芒福德等诸多城市史专家的著作后，整理出了一个 7000 年前两河流域苏美尔人建造人类第一批城市的故事，特别是第一个国王、第一批商人是怎样被城市诞生时势造就出来的有趣故事。这些故事意外地画出了政治统治权以及商业利润权之"必要邪恶"的基因谱。

苏美尔人在两河流域定居和别的民族一样，有着很多"鸡犬之声相闻，老死不相往来"的部落。村民们依凭从动物那里继承下来的领土意识而天然地相互排斥，各据一方。可是，苏美尔人有一个与别的民族不同的精神特征，那就是各部落共同信仰与供奉月亮神。这个超越部落的共同信仰，成了城市起源之母。

共同信仰促使各部落共同建造供奉月亮神神庙——塔庙。

随着农业文明的进步，塔庙越建越大。约在公元前 5000 年，在乌尔的地方要建一个空前的大塔庙，该工程需要在各部落村民中选出 1500 位能工巧匠日夜兼工做 5 年才能竣工。那么，这些能工巧匠在 5 年之内要完全离开村庄、离开农业生产，成为在塔庙旁定居的第一批"准市民"。1500 个工匠需要生活资源，必然呼唤出第一批负责供给的渐

2010 年中国上海世博会主题馆之城市遗迹
馆两河流域城市起源过程展项

温蒂的烦忧
骂总统与骂老板的一堆乱码

渐在塔庙旁定居下来的小商贩。这些赚取差价利润的小商贩成为第二批"准市民"。

来自各部落的工匠与小商贩，因为利益冲突、习俗相异、历史积怨，甚至男欢女爱等都可能引起械斗骚乱。这时候就会呼唤出一个来建立秩序的强人。在当时，强人的最佳人选是猎人。猎人个人武艺高强，还因为他走南闯北见识广交友多，能组织起一帮人为大家制定共同的规则而且有能力维护规则。倘有破坏规则不从者，他将立即用武力摆平。这就是被时势造就出来的第一位拥有公权力的城邦国王。

到此，第一位国王的第一段基因谱可以绘制出来了：他是社会秩序的制定与维护者，是最初城市社会非常必要的；然而，他维护秩序的手段是暴力，与黑社会老大的方式如出一辙，在权力不受制约的情况下，一定会为了一己私利而过分使用暴力，因此一开始就衍生出这个邪恶的品性。

城市故事继续延展。国王凭借权力集合众人，为城市建造大型公共工程——蓄水池、粮仓、广场、集市、作坊、水利工程、防御外侮的城墙，同时，也为自己建造仅次于塔庙的大王宫供自己享受。

到此，国王的第二段基因谱也被绘制出来了。城市之所以被称为是文明的孵化器，因为城市能大规模地集结众人的体能与智能，创造出村民绝对不能成就的大工程以及文字、历法等城市的"软件工程"。这个集结者就是国王。因此，国王是文明孵化器的缔造者。同时，国王一定会用手中的大权去"寻租"，为自己盖大王宫，巧取豪夺当时最高端的生活资源，过着超越所有人的奢华生活。

综合上述，政治公权力自它诞生起，就兼有两方面的属性。一方面，能建立社会公共秩序并有效维护，能大规模集结众人而创造大工程以及精神产品成为人类文明的孵化器。另一方面，会"权力寻租"暴富（经济不公，即腐败），为了保证"寻租"成功，对妨碍者过度（违法）使用暴力（即孟德斯鸠说的"滥用权力"）。这两者集合起来，便构成了公权力（帝王、政府、国家）的完整基因谱：既必要，又邪恶，所以是"必要的邪恶"。

同理，可以绘出商人自它诞生就有的两重性基因图谱。第一重是，它造就了大规模的物的流动，没有物的流动就没有城市，就没有城市的任何大工程，因此商人也是构造文明孵化器的重要参与者。第二重是，商人在物的移动中赚取差价利润，其强烈的致富欲望驱使他们通过各种正当与不正当的手段牟取无上限的暴利。上述两重属性合二为一是：既必要，又邪恶，商业利润权和公权力一样是"必要的邪恶"。

对两个"必要的邪恶"如何控恶？

在苏美尔人建立的人类最早的城邦国家源头看到，国王所获得的公权力，确实是所有被管理者（工匠、商贩等）将私权力让渡出来为换得公共秩序的产物。公权力的来源确实是民众。

然而，全世界所有国王、皇帝从来不认这个账。他们编造出各种神话与伪证来证明自己的权力来自神（或"天"）的授予，称为"君权神授"。神授的或天授的王权至高无上，被管制的民众理应绝对顺从。这就是诠释专制政权"奉天承运"合法性的圣典。这样，公权力的邪恶只属虚拟的神管束，于是会越来越恶。

开始颠覆君权神授这个圣典的是，16世纪的荷兰古典自然法学派代表人物、国际法鼻祖格劳秀斯（Hugo Grotius）。他从人的天赋自然权利和对社会契约的需求，解释了国家诞生的机制。他认为，国家是人们为了享受法律利益和谋求共同福利而组成的最完善的联盟。因此公共权力服务的本质和宗旨是为了人民，公共权力的来源是人民。接着到了17世纪，英国经验主义哲学开创者、现代自由主义奠基人约翰·洛克，在他的《政府论》中指出，人民自然倾向和谐合作生活，愿意签订契约，君王的功能则是保护维护这些契约的实施。倘若君王违背大众授意的契约，人民可以合法地反叛。因此，发动美国大革命者把洛克视为圣贤。到18世纪，孟德斯鸠解决了控制公权力邪恶的基本设计：实行立法、司法、行政三权分立，以权力制约权力。迄今为止，算是较为有效而又差强人意的管控公权力之恶的法术。

那么，如何控制老板经济权力"必要的邪恶"中的"恶"呢？

追求无限利润的商人财产权，并不是他人授予的公权力，而是私权力。老板雇佣的员工与国王治下的市民不同，员工并不是老板财产权的让渡者。所以，不能用民主制那一套来控制企业家私权利中的"恶"。

现行的控制企业私权利之"恶"的制度设计是：市场的自由竞争，健全的商业和劳动法规。在自由市场竞争中，诸多企业就像万邦林立的邦国，老板不敢放肆滥用权力，否则他的邦国就会在优胜劣汰中灭亡。健全的商业与劳动法规，规范了合度利润，也规范了正当劳资关系。这样，老板就不敢或不能绝对腐败了。然而，这项设计仍然存在着高危漏洞。倘若出现老板的私权力与官员的公权力勾结，市场就会是不公平的黑箱作业。倘若老板的财力能够操纵立法者通过对自己有利的法规，法规就成了助纣为虐的帮凶。如此这般，这两个控恶的制度设计就全部被老板黑客制造的病毒而解构了。在当今世界，这类解构并非罕见，而是比比皆是。

这，够人类继续大伤脑筋的了！

误读

在抽象画中造就的戏剧性

　　人类生存的数字化，全球经济的一体化，使得跨文化交流盛况空前。

　　跨文化交流中的焦点问题是误读。为此，早在1993年，北京大学比较文学与比较文化研究所和欧洲跨文化研究院召开了一个题为"独角兽与龙——在寻找中西文化普遍性中的误读"的国际学术讨论会。"误读"被引入了比较文化研究。会后出版了论文集，由乐黛云教授作序。她在序言中对"误读"作了如下的界定："所谓'误读'是指人们与他种文化接触时，很难摆脱自身的文化传统、思维方式，往往只能按照自己所熟悉的一切来理解别人。……人在理解他种文化时，首先按照自己习惯的思维模式来对之加以选择、切割，然后是解读。这就产生了难以避免的文化之间的误读。"

192

《亚威农少女》，毕加索，1907 年

误 读

在抽象画中造就的戏剧性

这是我很认同的对误读发生机制的诠释。我要"接着往下说"的是：误读，是个既能酿成灾难也能激活创造的奇特的认知精灵。

跨文化人际交流（活人对活人）中的误读，除了"情人眼里出西施"的误读有点正面作用外，其余都可能导致隔膜、离异、合作失败，甚至战争。然而，活人对人文与艺术产品的误读，却是一个激活想象力和灵感并可能导致创造的驱动器。法国启蒙运动思想家伏尔泰，他误读中国古代政治制度是"最有人权的制度"，催化他建构起了自由平等的君主立宪制；他误读中国儒学是具有崇高理性、合乎自然和道德的"理性宗教"，激活他批判并重创了当时横行欧洲的"神示宗教"。毕加索对非洲面具的极端推崇（误读），使他创造了立体主义《亚威农少女》等传世之作。阿美迪欧·莫蒂里安尼对印第安和黑人原始艺术的误读，使他在美术史上留下了具有原始稚拙美的雕刻和绘画。

我这篇文字想说说误读在抽象艺术中造成的戏剧性，由此来看看对艺术"解读式的误读"（对自然科学的解读必须是确定无谬的解读，不容许误读；而对艺术和人文的任何解读，都是由读者的想象力参与的有原创性的半误读，所以称是"解读式的误读"），所需要的边界条件。

没有误读就没有抽象画的降生

据康定斯基自己描述，他发明抽象画的灵感，来自一个完全偶然的像哥伦布歪打正着发现新大陆那样的全然误读。不过，那不是跨文化误读，而是他自己对自己绝无仅有的有趣误读。

　　康定斯基撰文称，有一天他在户外画完速写回到自己家的画室，忽然看到"一幅难以形容的炽热的美妙的图画"，非常震惊。他感到这幅画"没有主题，没有客观对象，完全是由明亮的色块组成"。他激动地向这幅神奇的画面走去，哦，原来是他自己的一幅作品歪放在画架上了！歪放，把具象消解了，不再能辨认出画的是何物，因而产生了一个只能读出"明亮的色块构成"的纯形式误读。这个破天荒的误读，就像中子轰开原子核产生核爆炸一样轰出了他的一个顿悟："我明白了一件事，那就是我的绘画不需要有什么客观的东西和客观物体的描绘，而且实际上这些东西对我的绘画是有害的。"（《美术译丛》1981 年第一期）

　　由此，一种颠覆人类绘画史上由原始人的洞穴画到现代立体主义的全部绘画（即或写实或写意或变形的全部具象画）的新画——抽象画，在康定斯基心中萌生了。这种新画的定义是："绘画作品里的形象与现实世界里常见的形象迥异，而无法辨识其为何物，或不反映日常生活环境的客观现实者，称为抽象绘画。"（法国当代艺术评论家 Michel Seuphor 语）

　　不错，康定斯基顿悟之后，并没有立即画出抽象画，事实是他到了巴黎看了立体主义的作品才画成的。于是，有些美术史家就把他创立抽象画归功于立体主义的启迪。其实，他只是把立体主义当了"反面教员"。立体主义把物象拆散解析成几何体，然后再按画家意愿，重新组装出似像非像的变形具象，康定斯基看了之后反问：既然把物象都拆了，何必还要再组装起来？为什么不把具象给彻底解构掉？那样不是内容更广阔、表现更自由吗？他在 1910 年画出了艺术史上第一幅不能辨识物象的水彩抽象画。正是因为它不是发端于立体主义，所以毕加索才会大骂"抽象艺术只是涂抹和游戏而已"（Marilo de Micheli：《毕加索语录》）。

以后，康定斯基发表了两部著名的理论著作——1913年的《论艺术的精神》和1925年的《点线面》。那是为他的新画派寻觅美学和哲学的论理依据的。他概括出了抽象艺术无比优越于具象艺术的两条美学原理。第一，因为解构了具象，画家就摆脱了物象的形象和意义的设定，摆脱了文学式的讲故事，就能使绘画向抽象的音乐靠拢，点线面和色彩等绘画抽象元素就像音乐的抽象音符一样，可以最大自由地组合出画家的内在情感。因此，抽象绘画具有无可穷尽的多样性、丰富性。第二，观众在看画作时，不是被动的录影，而是要对画作进行能动的诠释；因为解构了具象，读者在读画时就摆脱了具象所设定的诠释框框，可以最大自由地进行审美移情和诠释。

这"无比自由的表达"和"无比自由的诠释"的抽象画论，非常圆通，极具说服力，简直像不证自明的公理一样让人无可辩驳、无可置疑。康定斯基的抽象画、勋伯格的十二音序列音乐、卡夫卡的现代小说，被誉为现代主义艺术大潮的三条"先河"。

误读却让抽象画出了大丑

在巴黎，我多次采访过法籍华裔抽象画家赵无极。他是当代国际级大画家。记得第一次在他的巴黎画室采访时，我指着他所画的一幅

他激动地向这幅神奇的画面走去，哦，
原来是他自己的一幅作品歪放在画架上
了！歪放，把具象消解了，不再能辨认出
画的是何物，因而产生了一个只能读出"明
亮的色块构成"的纯形式误读。——1910
年，康定斯基画出了艺术史上第一幅水彩
抽象画。

误 读
在抽象画中造就的戏剧性

抽象画问："您在这幅画中要表达什么？"他温文尔雅地揶揄我："哈，我要是能说得出来就不画了。你看它是什么就是什么。"

赵无极的话非常符合开山鼻祖康定斯基的原教旨：读者读抽象画时被赋予绝对自由误读的权利，即不必以画家要表达什么作为读者诠释的框架或准绳；而且，只有在尽情地误读中，才能最大地激活读画人的想象力，才能把接受美学所称的"读者也参与作品的创造"发挥到极致。

然而，在20世纪80年代就有伦敦一家电视台，拿这个"无疆界误读"开了个恶性大玩笑。这家电视台派出了一个摄制组，清晨到伦敦大街上找正在扫街的清洁工，请他们用自己手里的扫帚蘸着各种颜料，在一块大幅画布上任意涂抹。摄制组对全过程录了像。电视台再把清洁工涂抹的画布装入精美的画框，放到一家大画廊举行隆重的"一画展"。画廊邀请来了伦敦的著名评论家和抽象画家来看画展，并请他们对这幅抽象作品发表评论和观感。评论家和艺术家们纷纷对这幅问世的新作进行了旁征博引的评论，有的人从现代美术发展史角度对技法进行了源流分析，有的人用现代哲学观念发掘出了作品深层的意义空间。众口一词认为这是抽象画的杰作。电视台的摄制组也把这些热烈的评论场景拍摄了下来。然后，电视台把这两段录像组接在一起，作为一个专题节目播放了出去。一瞬间就成了轰动伦敦的大笑话。康定斯基的绝对自由解读的原教旨，受到了"以子之矛攻子之盾"的"归谬法"的嘲弄。

人们捧腹笑完之后必然会追问：既然清洁工胡乱涂抹出的抽象画，都能让权威评论家和著名抽象艺术家"误读"出那么多了不得的"独特的形而上意义"和"精妙的形而下表达"来，那么，抽象画大师以

"您在这幅画中要表达什么？"

"哈，我要是能说得出来就不画了。你看它是什么就是什么。"

赵无极作品 1968 年

误 读

在抽象画中造就的戏剧性

及他们的杰作还有什么价值？就像中国一句俗话所说：连狗都能够拉犁，牛还有什么用？

绝对自由的解读式的误读，正在给抽象画致命的一击。

作为巴黎文化艺术记者的我，经过多年的经验积淀，也从另外的角度对康定斯基的两条无可置疑的原教旨滋生出怀疑来了。

巴黎的画展多如牛毛。我采访过许多画展。在抽象画画展中，发现一个奇怪的现象，观众并不珍惜和使用康定斯基给予的"绝对自由误读"的特权。他们在抽象画前停不下来，没有久久面对画面进行"参与创作的自由诠释"，总是匆匆扫描一圈就结束了。在这些展览会上，看不到这样的场景：人们驻足凝神在罗浮宫中的大卫所画的《拿破仑加冕》前，久久不愿离开，最后还要和画一起摄影以带回去供随时阅读。更让人不可思议的是，在艺术界贵宾云集的开展酒会上，人群最密集的地方不是在抽象画前，而是在非艺术的放着酒水和小点心的桌子旁。为什么？

我在阅读和采访了很多抽象画家之后，还归纳出了另一个经验事实：抽象画家们画了几十年，无论是康定斯基、蒙德里安、马列维奇、杜劳奈、马修、布利、瓦沙雷利、达比埃、山姆·法兰西斯、苏拉吉、波洛克、杜克宁、哈同、贾鲁、赵无极等，对他们的作品做历时性的纵向阅览，几乎都是几十年变化甚微，尽管他们都在声称不断地探索新风格。非常奇怪，没有呈现出康定斯基所预言的，由于解构了具象而带来作品的无限多样性。恰恰相反，倒是远不如具象画家那样丰富。为什么？

在浩瀚的现代艺术中评论中，我没有读到有说服力的回答，倒是在闲读杂书时偶然得到了答案。

在读生物学时得知，生物学家已经从大自然生命世界中分辨出了120多万种动物，35万种植物，近10种微生物。生物学家是如何分类的呢？古希腊的亚里士多德在《动物志》中对500多种动物的分类，用的是直观形象分类。被称为现代生物分类学的创始人、18世纪瑞典生物学家林耐，在《自然系统》中发明"双名命名制"的人为分类法，其分类依据是生物的性状（状就是形态）。当下最前卫的生物分类法是"自然分类法"，即根据动植物的形态、构造、机能、习性以至在个体发育和系统发育等方面的特征进行的综合分类。一言以蔽之，自古至今的分类都离不开形态。换成绘画话语，形态就是具象。与此相对照，人类对云、对大理石上的纹理等抽象图像，连数百、数千种都分不出来。按数学中的排列组合，抽象组合应该绝对多于具象组合；怪哉，何故人的视觉会出现反数学定理的现象呢？根据进化论，生命之所以进化出眼睛来，其根本目的便是识别该物种可食用食物的图像、可交配对象的图像和天敌的图像以及与生存有关的环境中的物象等。换句话说，眼睛就是用来识别具有可重复性的具象的，不是为了识别无限变化的抽象。虽然抽象在数学上应该比具象具有无可比拟的多样性，但是由于生命的视觉专为识别具象而设，因此反而觉得具象更丰富。这就是说，在人的视觉经验事实中，恰恰是具象具备很大的多样性，而抽象则刚好相反。

很遗憾，这个生命视觉的根本规定性，不公正地证伪了康定斯基认为抽象图形比具象图形在人的视觉中更具丰富性的假定。

我读了西方现代哲学《解释学》的一些书。《解释学》把西方人理解《圣经》等传统经典文献的一种语义学的方法论，上升到了哲学方法论或哲学本体论。中国人面对古代典籍也有训诂、注释、考据等

"我注六经、六经注我"的解释活动，中国哲学家汤一介正在为创立《中国解释学》鼓与呼。《解释学》是研究人类对于意义的理解和解释的哲学新学科。无论是鼻祖施莱尔马赫把解释学建成为理解历史作品的方法论，还是狄尔泰要解释者用直觉跨越时空去恢复历史原型，或者是海德格尔把解释作为揭示人的存在的本体论，以及伽达默尔强调语言在解释中的本体论地位等，都有一个共同的前提，那就是被解释的本文，是可读懂意义的语词和句子为基本单位的文字集合体，《圣经》、"六经"、史书、历代文学作品等本文都不是天书。本文可解释的发生机制是本文语言的歧义和模糊性，与本文相关的历史背景资料的淡化和散失，本文内含着象征意义或隐喻，解释者和被解释者的视界差别（不同观念和不同的文化积淀）等。总之，可解释的本文既是能懂的又是模糊的本文。毫无确定性的本文是不能进行解释的。据此，我们回过头去观照抽象画，恰恰是故意不显示任何确定性的本文，当然观众就无法进行诠释了。信息论对信息的定义是"不确定性被减少的量乃是信息"，观众面对反对有任何确定性的抽象画，无从去做"减少不确定性"的诠释，也就不可能获得任何审美信息，当然在抽象画前就停不了步、凝不住神了。

《解释学》又把康定斯基的另一条原教旨——消解了具象，可以让观众最大自由地进行创造性的解释的假设——也给颠覆了。

康定斯基之前的人类是怎样读抽象的？

人眼和动物的眼睛毕竟是有所不同的。

雄鸡总在朝霞里引颈高歌，但是它的眼睛从来不会对抽象的云霞感兴趣。可是人为了人所独有的审美，法国文豪雨果的眼睛，却在《海上劳工》中写下"几缕懒散的闲云，在蔚蓝的天空里追逐，像仙女的舞蹈"，中国诗圣杜甫咏赞"天上浮云如白衣，须臾忽变如苍狗"（《可叹》），唐朝诗人卢照邻也读到"片片行云著蝉翼"（《长安古意》）。

群狼日日在夜巡，嚎叫时都仰望夜空，可是，它们从来不会去注意月亮上由众多错综的环形山阴影构成的抽象图形。纵使假定它们有兴趣，也读不出凄美的"嫦娥奔月"的中国神话来，更唱不出像法国诗人波德莱尔唱的"她（月）软步走下了云的梯子，毫无声息地穿过窗门的玻璃，于是她带了母亲的柔软的温馨，俯伏在你身上，将她的银色留在你的脸上……她又用柔和的双臂拥抱你的颈项"（《散文小诗·月的恩惠》）。

人为了审美，视界超越了生物学的具象疆界，而扩充到了抽象。

在康定斯基之前，人类在读大自然中的美的抽象时，普遍用了比喻的方法，即通过想象力进行类比，为抽象"虚拟"出一个具象本文来，然后进行诗性的解读式的误读。前面已经引证，雨果把飞云比喻成仙女在跳舞，杜甫把变幻着的云具象化为"白衣""苍狗"，中国古人把月亮中的抽象阴影具象化为嫦娥、玉兔、吴刚、桂花树，现代法国诗人波德莱尔把抽象的月光比喻为母亲等。在中国长江的三峡，有一块突兀的石头，有人把这抽象物比喻为神女峰，然后，宋玉误读出了《神女赋》，老百姓误读出了关于神女的许许多多民间故事来。在黄山，云海中冒出一座山峰，人们把它定为黄山美景"猴子探海"。无论是我游览中国桂林石灰岩地貌的溶洞，还是在观赏奥地利莫扎特故乡同类地貌的冰洞（DACHSTEIN-EISHÖHLE），发现人们都用彩色的灯光进行选择性的照明，将千姿万态的抽象钟乳石，具象化为或"雄狮怒吼"或"上演瓦格纳歌剧的帝王剧院大厅"等。——用比喻将抽象虚拟出一个可懂的具象"本文"，然后对这个"本文"进行审美诠释，是符合《解释学》的解释条件的。因此，从艺术家到普通游客，无不兴趣盎然地对虚拟本文进行故意的误读，以获得既欣赏大自然抽象也欣赏自己想象力的大美感。

再来看看玄妙的书法艺术。这是中国人创作的人为抽象产品。如果说抽象画是1910年才问世的话，那中国的抽象书法艺术可以上溯到3000多年前商代的甲骨文（因为甲骨文已经具备了用笔、结字、章法的书法艺术三要素）。我对书法发出了两个疑问：人类史上有成百上千种文字，为什么只有中国汉语文字发展出书法艺术？假定仍然是用毛笔，仍然遵照书法的笔画技法、结字法和布局章法，去写汉字的拼音（例如把"虎"字写成"Hu"），还会有书法艺术吗？

人类的各种文字差不多都从象形文字（表形文字）开始，然后有两个发展方向。西方诸多文字由表形文字进展到表音文字，即字母符号化的话语读音文字。中国文字从表形（象形）文字发展到表意文字（形声字）。表意汉字里仍然富含着图像和意象，所以才有"书画同源"

之说。甚至，书圣王羲之的老师卫夫人在她的《笔阵图》的书论中，把构成汉字的笔画也赋予了意象，如："横如千里阵云；点如高峰坠石；撇如利剑断犀角；勾如百钧弩发；竖如万岁枯藤；捺如崩雷浪奔；转如劲弩筋节。"因此，表意文字的"虎"字，虽然再也看不出虎的形，可是，中国人在写这个方块符号时，脑子里仍然唯一对应着所约定俗成的虎的意象。欧洲各种语系不同，它们发展到了表音文字阶段。任何词都是 ABCD 等二三十个表音符号根据读音组合成的。英语中的"tiger"只对应"虎"的读音（汉语拼音"Hu"也是这样），不再像汉字"虎"，唯一对应虎的意象了。这便是唯有汉字发展成抽象书法艺术的根本原因。中国人书写"虎"字，当然不是在画虎，但是心里知道所写图形就是虎的唯一对应的形象符号，所以写时会用刚劲饱满的笔法，强烈动感的结字，显著突出的章法布局等书法艺术手段，显示虎的气韵以显现书写者的移情寓志。抽象的中国书法艺术，是依托汉语表意文字内含的意象所建造的模糊意义本文让读者来解读的。欧美的表音文字中则没有这个意象本文，所以，无论是 6 世纪东地中海的一批基督教学者用大小不同和颜色多样的字母抄写的福音书，还是8—9世纪西欧查里曼大帝的加洛林王朝时代用各种精美字母字体的《圣经》抄本，直至当今纽约和巴黎街头巷尾的肆意涂鸦，都不可能成为书法艺术。

　　中国文人除了玩出抽象的书法外，还玩更抽象的石头。他们在案几上放几块拣来的小石，或在庭院里弄座假山，完全没有用类比的方法先具象化，而是讲究"瘦、皱、透、秀、色润、形奇、纹漪、声清"等纯粹形式的审美标准。这里面还有什么"可共同读懂的意义本文"吗？有，那就是中国文人约定俗成的人文价值的"隐性本文"。为什么以瘦、皱、透、秀等作为把玩石头的标准呢？因为这些形式在隐喻中国文人共同推崇的道家之空灵、飘逸等价值观。有了中国文人这个共同默认的隐喻本文，抽象的石头美就可以诠释了。如果把米芾所叩拜的石头让罗丹去欣赏，他就不能、因此也就没有兴趣去进行解读式的误读了。

比喻的"类比本文"，书法的"意象本文"，玩石的"隐喻本文"，它们公约出一条"定理"：对抽象的解读式的误读，都要设计出读者对象能共同辨识的意义本文，而不是像康定斯基所说的可以对抽象进行无疆界的绝对自由的误读。

回到赵无极

赵无极先生送了我一本《赵无极自画像》。这是他和他的夫人凤索娃·马凯合写的自传。

我读完他的自传之后再去读他的 1957 年的一幅无题作品，其感受和以前就完全不同了。

我在他的传中读到，1956 年他经受了一次精神上的大灾难——和他结婚 16 年的青梅竹马的妻子跟别的男人跑了。"她绝情而去，使我深受屈辱，一直到今天，仍觉苦涩。"他写道。他又说，当时绘画成了他的"避难所"，画布是他"唯一宣泄苦闷、愤怒的对象"。他在1957年画的这幅抽象作品，便是"要埋葬悲伤，因此充满着死亡的气息"。

我面对他这幅抽象作品设想，如果赵先生用具象来表达会是什么图像？我们可能会从画面上看到一个深情的男人望着绝情而去的妻子，无比悲愤与屈辱。具象表现的是一个特定男人（画中人）的精神遭遇。我读的时候，我和画中人是分离的主客体关系，引发出的感情共鸣是对受害者的同情和对绝情者道义上的谴责。现在我看赵无极这幅抽象画的感受大相径庭。抽象的外延比具象宽泛。我在由传记提供的简明意义本文的导引下进入画面，没有发现具象中的特定画中人，我就成了画中人之一。在色彩的纠葛"如何混合、如何对立、如何相爱、如何相斥"（赵无极语）、线条的扭曲和缠结、繁复构图形成的多元迷宫空间中阅读，得到"人失去爱""人失去伊甸园""人失乐园"等外延宽泛部分的抽象审美信息。

　　我在多次采访赵先生的闲聊中得知，他几十年来还遭受到死亡信息的巨大冲击。他告诉我，他深爱着的银行家父亲，在"文革"中"非正常死亡"了。在中国东北工作的英俊聪明的小弟，在 36 岁那年竟然被煤气毒死了。还有个在美国的科学家弟弟让喉癌夺去了盛年的生命。他最不能接受的是，他的第二任妻子——美丽的香港电影演员——因为在异国的失语所造成的大孤独而疯了，在 41 岁那年自己结束了人生。他那时整天喝威士忌，朋友们都给他改名为"赵威士忌"。后来，他的知音和挚友——法国著名诗人米修也永远离开了他。因此，他在 20 世纪 90 年代画了很多关于死亡的抽象画。他画得完全忘记了现实世界，一次从高梯上摔了下来，左臂断成了八截。我听了这些之后，再去读他的画死亡的抽象画，其心得就完全不同于我在梵蒂冈圣彼得大教堂看米开朗基罗的《圣殇》雕像。米氏的巨大艺术感染力来自用雕塑叙述耶稣这个具体人的殉难。赵氏的死亡抽象画，不是某个人的生命悲剧，而是经过抽象的在人的类概念上的生命死亡体验，因此，读赵氏的画就像在读存在主义或佛学论述死亡的哲学……

凡艺术品，总是要故意留下许多模糊空间让人们的想象力去奔腾（解读式的误读）的。对艺术的解读式的误读，是生命发育式的诗意的增长，是在"基因本文"上的怒放。倘若消解了一切规定性，在其上的无限增殖，那只会是癌。一些现代和后现代艺术的小圈子，是这种"癌"的高发群。

「以太」／现代文学

2000 年 10 月 11 日在欧洲华文作家协会维也纳年会上的演讲

作家聚会是讨论文学的，我开篇却说巴黎的现代主义造型艺术！是大脑中了"意识流"病毒而信天游了？

现代主义艺术是"以太"式的伪问题？

初到世界艺术之都巴黎，最渴望阅读的是"前卫艺术"，却又是最令人困惑、尴尬的阅读。

当年毕加索请马蒂斯看他的立体主义开山作《亚威农的少女》，

马蒂斯坦率地说出自己真实的观感："我像是被一个擦汽车的纱团蘸上了汽油塞进了喉咙！"可是，倘若我在观看时也产生"蘸汽油的纱团塞进喉咙"的感觉却绝对不敢说，因为我自惭，我从一个封闭了很久的国家来，太孤陋寡闻，太不新潮。

然而，当我发现被熏陶了近百年的法国观众甚至法国画家在观赏现代艺术时，也像我一样如堕五里雾中，这时我狐疑了：莫非现代主义艺术是个和物理学中的"以太"问题相类似的伪问题？

那是我在读了《爱因斯坦传》后冒出来的壮胆怀疑。

17 世纪至 19 世纪的物理学家，为了解释光的传播以及电磁和引力相互作用的问题，把古希腊哲学家提出的一种媒质——"以太"——作为光的传播媒质。这期间几代科学家都在穷其毕生智慧研究以太的性质，写出了汗牛充栋的论文。一直到企图证明以太真实存在的"迈克尔逊－莫雷实验"失败之后，爱因斯坦建立了相对论，确定了光的传播和一切相互作用都是通过各种场在进行的，根本不是通过机械的媒质"以太"。宇宙中根本没有以太，那不过是子虚乌有的假定。

以太这个伪问题，整整空耗了五六代物理学家的智慧和生命！

我联想：现代艺术各种流派所宣称的艺术圣条，是不是也是类似于"以太"的人为假定呢？

西方写实主义绘画遇到两大克星

我从一场发生在巴黎的关于现代艺术的大争论中才恍然大悟。原来在 19 世纪下半叶西方画家遭遇到了两个最可怕的克星，其杀伤力就像当年让恐龙灭绝的撞击地球的小行星！

第一个克星是照相机的发明。1839 年法国学者达盖尔（L. Dageurre）发明了银版照相法，宣布了人类第一架照相机的出生。发明伊始只有极少数人弄这个玩意儿，而且照出一张清晰度很差的照片还要花很长时间，所以西方画家并没有感到有什么不安。然而到了 1891 年，美国伊斯曼柯达公司发明了胶卷并生产普及型照相机，这时西方画家感到大难临头了。西方绘画一直是以在二维平面上精确地画出人类三维视觉经验为最高美学标准的。为了做到二维精确表现三维，文艺复兴时期的大师们为此建构了四个"学"——透视学、色彩学、光影学、艺用人体解剖学，由此把西方惟妙惟肖的写实绘画推到了顶峰。没想到，一个在工厂流水线上成千上万生产的照相机，不管什么人只需拿它"咔嚓"一下，就把所有伟大画家的写实"武功"给废了！是啊，纵使你是画界泰斗，你也绝不敢说画得比照相更像、更准确。于是画家们仰天长叹：今后我们还怎么画呢？

"怎么画"，就成了一个西方写实主义绘画存亡的大问题。

另一个克星是德国哲学家尼采宣布"上帝死了"。这使得从柏拉图哲学到基督教伦理的西方形而上体系濒临崩溃。这个形而上体系一直是历代西方画家表达形而上精神的根基与灵泉，是"画什么"的全部"什么"。当你走遍西方博物馆和教堂，就会感受到满目皆是基督教教义的题材。就算是提倡人本主义、反神权的文艺复兴三杰——达·芬奇、米开朗基罗、拉斐尔——他们所画的全部作品都与上帝相关。当尼采把上帝"弄死"之后，19世纪末的西方画家们无比迷茫与失落，痛苦地发问：今后还能画什么呢？

"画什么"，也成了一个西方造型艺术生死攸关的问题。

被两个克星弄得惶惶不可终日的西方画家们，重新探索形而上的追求（画什么）和形而下的表达（怎么画），在痛苦彷徨10多年之后找到了对付两个克星的无奈策略。

"变形"与"表现自我"成了新圣经

现代主义开山祖们想，你照相机不是照得无与伦比的像吗？那好，咱们来个逆向思维，画什么不像什么。法国达达主义的代表人物杜尚（Duchamp）证实说："为了和摄影相区别，野兽派、立体派、达达主义、超现实主义等派别的画家，都把希望寄托在一个概念上，那就是变形。"（皮埃尔·卡巴纳：《杜尚访谈录》，台湾中译本1984年版，第94—95页。）所谓变形，就是颠覆精确地像绘画客体的审美铁律，刻意反透视学、反色彩学、反光影学、反艺用人体解剖学，任意让所

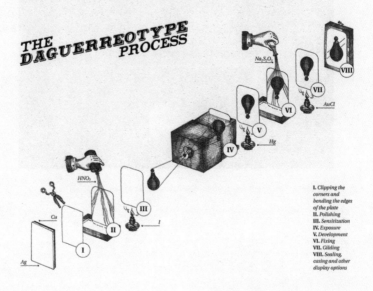

THE DAGUERREOTYPE PROCESS

I. Clipping the
corners and
bending the edges
of the plate
II. Polishing
III. Sensitization
IV. Exposure
V. Development
VI. Fixing
VII. Gilding
VIII. Sealing,
casing and other
display options

1839 年法国学者达盖尔（L. Dageurre）发
明了银版照相法，宣布了人类第一架照相
机的出生。

"以太" / 现代文学

2000 年 10 月 11 日在欧洲华文作家协会维也
纳年会上的演讲

早期银版摄影拍摄出的名人肖像——林肯
像，摄影师：尼古拉斯·谢泼德，1846年。

"以太" / 现代文学

2000 年 10 月 11 日在欧洲华文作家协会维也
纳年会上的演讲

画客体主观化，从扭曲直到完全不像的抽象。现代主义鼻祖们提出了"怎么画"的五花八门的新法门：打碎再组合、色彩平涂、色彩主观化、绘画音乐化、潜意识自动绘画、热抽象与冷抽象……一下就涌现出了野兽派、立体派、达达主义、超现实主义、未来主义、抽象主义等林林总总的新流派。

同时，现代主义鼻祖们又喜出望外地从"弄死"上帝的尼采那里找到了解决"画什么"的金钥匙。他们发现，尼采在宣称"上帝死了"的同时说过："上帝进了坟墓，人类中的创造者才得以复活。"啊，这下有救了，上帝死了，咱艺术家的自我复活了，艺术家的自我就是上帝！于是，"表现自我"就成了现代主义所有流派的形而上新圣条。

当阿猫阿狗皆可成为艺术家后

现代主义艺术经过约一个世纪的实验，被媒体造就出了毕加索、马蒂斯、康定斯基、达利等许多大师。当然也不乏杰出的作品流芳于美术史。然而，万万没想到，对付两个克星的无奈策略却导致了吊诡的逻辑后果。

首先来看"怎么画"。

变形、色彩的主观化、自动绘画等，完全由各流派的画家凭着自己提出的假定来挥洒，确实是颠覆前人所有艺术规范的最痛快的解放。毕加索宣称：创造乃是一切破坏的总和。现代艺评家们说得更哲学：

没有规范便是现代艺术的规范。后来发展到波普艺术（Pop Art）、集合艺术（The Art of Assemblage，在 50—60 年代称"废物艺术"）等，干脆提出要"消解艺术和非艺术的区别，消解艺术家和非艺术家的区别"。这两个"消解"可是法力无边，意味着任何人——没有受过任何艺术教育的阿猫阿狗，只要他们愿意，全都可以像"放下屠刀，立地成佛"那样"拿起画笔，立地成家"。意味着世上任何物品，哪怕垃圾废物，都可赋予一个观念就摇身一变成为艺术杰作。纽约的精神病人的随意涂抹，台湾的从来没有学过画的道士、退休工人、农民一时兴起画出的"素人艺术品"，一夜之间都离奇地成了高价位的艺术商品。

如此作画（"怎么画"）的逻辑发展结果是，艺术的被欣赏机制被消解了。道理最简单不过：既然人人都是艺术家，物物皆为艺术品，为什么我还要到画廊来欣赏你这些我也能立刻做出来的"现代艺术"呢？为什么我还要掏腰包来买你的让我的直觉感到很难受的东西呢？

至于在作品中表现"替代上帝的自我"（"画什么"），由于现代艺术根本没有共通的判读规则，别说是大众茫然不懂，就连高端社会精英，特别是他们画家同行都是一头雾水。通常的补救办法是，由艺评家或干脆由画家自己出来，用从现代哲学那里寻章摘句弄来的时髦术语加以诠释，企图让观众明白画中内涵的恍兮惚兮的"自我"。假定观众终于把艺术家的"自我天书"读懂了，可是话又得说回来，在这价值多元的时代，你有你的自我，我有我的自我，彼此都是等价的，凭什么让我悦纳和欣赏你艺术家那个常常是诡谲、变态的"自我"呢？除非这位观众有"寄生性荣誉"的嗜好，即以自己能读懂大师的天书为荣的虚荣。

因此，无论是当代的通俗艺术消费者（一般大众），还是精致艺术消费者（高端精英），均无奈地对现代艺术默默地疏离而去。为什么要默默地走开而不大声地说出"不喜欢"呢？因为从商业利益出发的大众传媒，早把现代艺术炒作为当代最高雅最深奥的艺术了。法国当代哲学家福柯（Foucault）说，当媒体和专家把欲灌输给大众的观念标榜为权威的"科学论说"后，就变成了让人不得不服从的话语权力。倘若有人敢违逆，等着吧，马上就会受到比警察还厉害的"论说式权力"的制裁：你胆敢实话实说现代主义艺术的不是，就会被戴上"当代文明盲"的帽子拉出来示众！

在现代主义艺术之前，艺术的推陈出新，都是新规范涵盖旧规范，是艺术的加法，是艺术精致度的不断提升；现代主义艺术的"没有规范就是规范"解构了一切规范，是艺术的减法，是艺术的精致度在沉降。

从"变形"与"表现自我"到"人人皆是艺术家，物物皆成艺术品"，这样的一些现代主义艺术假定，是不是很像物理学用"以太"解释光传播的假定？

艺术比翼鸟的失衡

有趣的是，现代流行艺术却受工业文明之赐，"风景这边独好"，疯魔般地好。

本来在田野、街头唱的民歌民谣，借助于高功率、高保真音响以及激光、数码等高科技设备，进化成了可以面对几十万人演唱的流行歌曲，并借助激光唱碟而风靡全球。本来是供少数说书人用的传奇话本，如今借助现代印刷术，摇身成为发行千百万册的畅销书。连环画、漫画等通俗绘画也是洛阳纸贵。电视肥皂剧成了亿万人最喜闻乐见的"快餐艺术"消费品。歌星、电视明星、畅销书作家等现代俗艺术生产者，成了亿万富翁。不仅如此，民主政治国家的当权者们，为了选票，凡大众崇拜的俗艺术明星偶像，政治家们必作秀表示特别的尊重，这就使得俗艺术明星的社会地位畸形般地显赫。英国"甲壳虫乐队"中的列侬被歌迷枪杀后，众多国家的首脑发唁电致哀，其哀荣远远超过诺贝尔奖得主。

诚然，俗艺术与雅艺术是社会审美需要的"比翼鸟"，没有孰重孰轻。然而当下，却是流行之翼过分肥壮、精致之翼肌肉萎缩。何故？

人类的原始艺术全都是俗艺术，如民歌民谣、民间故事（传说和神话）、杂耍、洞穴画、民间舞蹈，等等。人类怎么生产出精致艺术的呢？个中自有奥妙。

一般丧葬的坟属于俗文化，但一旦被古埃及法老当作"灵魂的永久居所"，并投入全埃及的劳力、财力、精英的智慧之后，就建成了精致建筑艺术的金字塔而留名于艺术史了。古希腊的城邦执政官调动巨大的社会资源去从事雕塑、发展悲剧，才会有辉煌的古希腊雕塑艺术和悲喜剧艺术。如果不是能支配强大的秦国所有资源的秦始皇热衷于墓葬，就不会有被称为"古代世界第八大奇迹"的兵马俑。政教合一能调动全欧洲三分之一社会资源的中世纪教皇，不断地向文艺复兴时期的米开朗基罗、拉斐尔等发出订单，才会有登峰造极的文艺复兴造型艺术。经过贞观之治的盛唐，由于唐明皇对艺术的偏好，在他的开元盛世出现了诗仙李白、诗圣杜甫、诗佛王维、画圣吴道子、塑圣杨惠之、书法草圣张旭与怀素、大作曲家李龟年等。由于 17、18 世纪欧洲各国王室对音乐的独钟,才会涌现巴赫、莫扎特、海顿、贝多芬等旷世天才和交响乐艺术、歌剧艺术……

列举了上述世界史上产生精致艺术的发生过程后,可以做如下一点归纳了:凡能支配最大社会资源的人倾心某种艺术,投资于某种艺术,那么,某种艺术就有可能造就成为精致艺术而留存于人类的文明史上。

为此,历代生产精致艺术的艺术家们,他们都懂得要全力投雅艺术的资助者和消费者的所好,自己只能在此前提下来表现艺术个性("自我"),张扬自己的才华。

生产现代俗艺术的艺术家们更懂得竭尽全力去投俗艺术消费者(大众"粉丝"们)所好,如此才能名利双收。

可是现代主义艺术家们似乎极傻,他们根据"表现自我"的形而上假定,对观众侵略式地表现"替代上帝的自我",把投他人(当代精致艺术消费者)所好看作是对艺术的极大亵渎。于是,他们中除少数被媒体炒作成"大师"因而成为富豪外,其他大多数人成了要向政治家或企业家求补助的准乞丐。巴黎就多得是这样的现代艺术准乞丐。

当代那些能支配最大社会资源的政治家和大企业家,不热衷也不资助现代艺术,他们敬而远之。这就使得现代主义艺术丧失了成为当代精致艺术的必要和充分条件。

当代政治家和企业家所面对的都是高度风险的社会系统。以往的国王或皇帝,有血统上的终身统治的合法性,系统较为稳定。当代的国家首脑,时时面临国内外种种高度复杂而风险性的问题,若处理稍有失当,就会有被弹劾或推翻下台的危险。他们的闲暇时间极少,不可与过去的国王、皇帝的闲暇相比。当代大企业家的市场生态系统也是风险系数极大，随时都可能因处理不善而破产，因此他们的闲暇时间也是空前的少。这些当代的能支配最大社会资源的各国首脑和跨国集团总裁们，只能把极少的闲暇时间用去打高尔夫球或进行其他体育活动，省时还可加强体能。他们不能像历代的先辈那样去为生产当代雅艺术开订单，而是极力扶持他们热衷的体育。因此当代体育成为现代文化中的最大的幸运儿。奥运会的举办成了各国首脑和大企业家鼎力支持的盛举。可惜的是，体育只是对人类体能的开发，不可能内含任何形而上的内涵，因此，怎么也不能替代艺术。倒是奥运会的开、闭幕仪式需要大型的多媒体声光电艺术为它装扮。倘若政治精英和企业精英一时有兴致想欣赏雅艺术，他们大多数会选择过去的高雅艺术——听歌剧、看芭蕾舞、欣赏印象主义绘画等，以前辈的精致艺术聊以填补，不会去观赏那些令他们的感官产生恶性刺激，而且还大伤脑筋还不知其然的前卫艺术的。一言以蔽之，他们没有前辈同类那般呼唤、催生和享受当代精致艺术的强烈的内驱力了。

这是一个渴求当代精致艺术大"订单"的时代，这是一个重新审视现代、后现代艺术假定（观念）的时代。

当代有精致艺术吗？

也许有人会证伪我的"当代政治家不开精致艺术订单"的说法，譬如法国已故总统密特朗就拿出法国纳税人的 300 多亿法郎，投进了巴黎"十大工程"中，这是典型的对精致艺术（当代建筑艺术）的巨额订单，为此，密特朗有"文化总统"的美名。

是的，不仅法国，其他国家也有这样的对建筑艺术的大订单，只是法国更加突出罢了。不过，这恰好是一个反证。

当代建筑艺术也有过和前卫绘画相似的许多流派，如粗野主义、表现主义、结构主义、未来主义、实用功能主义、波普主义、后现代主义、解构主义等，但是，由于建筑本身美学特点（英国美学家罗杰·斯克拉顿（Roger Scruton）归结为"实用性、地区性、总体效果性、技术性、公共性"等五个方面），不可能如同绘画那样彻底贯彻"表现上帝式自我"和摈弃一切传统的"变形"。任何建筑师都得根据客户的要求去设计，不能我行我素，不然就不能中标。建筑师的自我，必须和客户的自我相谐；还因为前述的建筑的公共性性质，必须和当时的社会公共自我相谐。因此建筑师的自我就不可能太离谱。此外，建筑的形式受实用功能的限制，不能用垃圾去做。建筑师必须具有法定的专业执照，不是人人可成为建筑师的。所谓波普主义建筑也只是符合大众趣味的建筑，不是随心所欲地盖的房子，不然就会倒掉出人命案。还有，建筑不但不会像绘画怕照相机那样怕工业发明，恰恰相反，它还充分受惠于许多现代工业和现代先进技术。虽然，现代派建筑也出现过"装饰就是罪恶"的"火柴盒"房子，但后来都因大众厌恶而被炸掉了。凡此种种，现代建筑还能博得当代能支配社会资源的精英的青睐，以巨大的资源投入其中，造就出当代的精致建筑艺术。

除建筑之外，还有一项艺术堪称当代精致艺术，那就是电影艺术。

法国人发明的有 100 多年历史的电影，开始时也是俗艺术，俗得法国上流社会羞于去看。后来由于电影有巨大的票房收入，不需要政治家与企业家恩宠，导演自己可以用先拍商业片后拍艺术片的策略，吸纳巨大的社会资源，例如当代大导演史蒂文·斯皮尔伯格，他就是先拍商业片《侏罗纪公园》积累巨额资源，然后再拍精致艺术片《辛德勒名单》。

因为电影有利可图，一些制片人（即大财东）也自动加盟。这是电影艺术获得巨大社会资源投入的得天独厚之道。

此外，电影导演都是高学历的专业人士，绝不是阿猫阿狗能所为，因此电影艺术的精致度在不断提升，而不是不断沉降。导演的自我不可能是我行我素的"上帝式的自我"，为要获得巨大票房收入，必须敏感时代审美潮流的"大我"，与当代"大我"相谐。

电视剧就不同了，它没有票房收入，只能靠贴片广告的很有限的收入，所以它很难从通俗的肥皂剧走向精致艺术。

追风的文学怎么办？

演讲快结束了，我这才进入文学正题。

在近代、现代，西方绘画发明了什么主义，文学也紧跟着有什么主义。文学是造型艺术的追星者。

当绘画时兴现实主义、浪漫主义时，文学也发祥了现实主义和浪漫主义。绘画的印象主义刚领风骚，文学的印象主义也跟着登场。表现主义绘画崭露头角时，文学的表现主义立即呼应。后来的超现实主义，

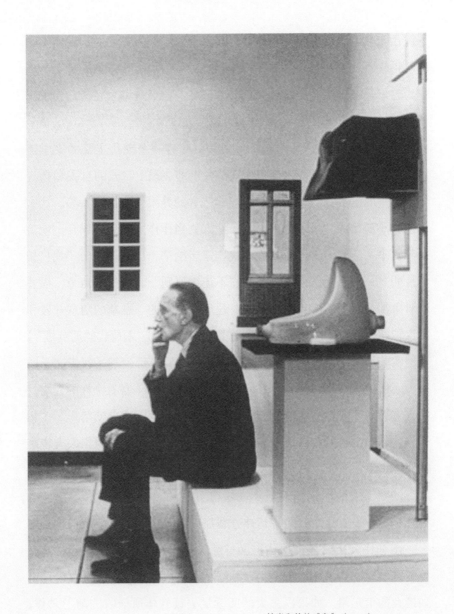

杜尚和他的《泉》（1917）

"以太" / 现代文学

2000 年 10 月 11 日在欧洲华文作家协会维也
纳年会上的演讲

干脆由法国诗人布勒东（Breton）当了造型艺术和文学的超现实主义的双料旗手。达达主义的杜尚在把现成的小便池签上名并题名为《泉》作为艺术品时，达达主义诗人就写了讴歌"机器与阳伞在手术台上突然相遇的美"。

虽然不是所有的现代主义画派都对应有一个现代主义的文学流派，但是，他们的原教旨都是相同的——即表现上帝式的自我和扬弃传统留下的艺术技巧，消除艺术和非艺术的界限（波普化）等。

新小说派的"反中心人物"，把人物当作作家的思想媒介，就是扬弃叙事文学的人物塑造。后现代作家唐纳德·巴赛尔提出"我只相信片断"，因而提出小说结构的"不连续原则"，取消了情节，描述的对象都是偶然的游戏式的组合。超现实主义的"意象的随意并置和随意转换"，黑色幽默派的"精神分裂症文体"和"木偶式的反英雄"，美国实验小说派所主张的"语言拼贴画文体"，都消解了叙事文学的基本元素：按时空次序所展开的有解读规则的故事，富有个性的人物，寓含在形而下表达中的能解读的形而上内涵。至于"自动写作""集体写作""文字的自由连用"的时兴，文学也成为阿猫阿狗人人皆能的波普艺术。

既然人人的"记梦解谵"（超现实主义文学的主张）都可能成为文学名作，而作家们的"精神分裂症文体"又如天书般地伤神，那么，还有什么必要去买现代主义"纯文学作品"来为难自己？马赫早就论证过，人类有个"思维经济原则"：企求以最小的阅读量得到最大的信息量。如果以最大的阅读量去读媒体所鼓吹的前卫之作，却总是得不到欲求的信息量，只需几次，即使是获得诺贝尔文学奖的作品，人们也会默默地"疏离"而去。

现代、后现代文学也和前卫美术、前卫音乐等一样，成了被当代人敬而远之地冷落的"艺术上帝"。现代文学的百年探索，虽然在反映现代人性的新边疆——人被自己创造物的异化——方面，开拓过新的意义空间，虽然也创造了一些有价值的文学技巧；但是，从总体而言，现代文学和现代主义造型艺术一样，提出的策略以及锁定的功能目标，可能是一个和物理学界的"以太问题"相类似的伪问题。

追风的文学怎么办？

去找证伪以太存在的爱因斯坦吧。

人的千古困顿

既是蜜蜂又是大熊猫？

无条件无奈遵守交通规则是"人的生存模型"

旅居巴黎期间，我很乐意接受留学生们的邀请去参加他们的周末聚餐——包饺子。

于味觉，自然没有什么可憧憬的，不过是包饺子而已。然而，这里的饺子常常会包进去属于精神消费的"高阶馅儿"：不仅有常规的白菜猪肉馅儿；还可能有非常规的边包边聊因而包进去了被法国人极力推崇的"高阶语言消费"馅儿。包着聊着，信口雌黄，偶然、突然迸发出一个超期待的话语机锋，于是谐振，于是乐个人仰马翻。

留学生包饺子的"语言消费"还有一个特点，那就是"国际化"。

各国留学生都可能随缘掺和进来。这等无主题、无目的、无礼仪的国际化信天游之"馅儿"，大部分是供一笑就成了消弥在空气里的云烟，可是偶尔也会在众乐乐之后，口齿留香，遗存下让人反刍良久的珍馐怪味儿。

譬如，有一次就包进去了这样怪味的"语言消费馅"：佛祖释迦牟尼的大发现是，人生一切苦难（苦谛）的根源是"贪嗔痴"；而留学生们在包饺子时信口开河的大发现是，人生的全部烦忧（类同于苦谛吧），源自人的基因设计出了大问题，完全不符合人既是"蜜蜂"又是"大熊猫"的双重存在态。

记得这项令人费解的"高阶语言消费"是这样随机引发的。

包饺子开始时，女主人，即一位梳着在中国算老土、在法国却最前卫的独根大辫子的中国女留学生，抱怨身边的奶油小生法国男友，说前天考驾照笔试没通过，就是因为他提供了两年前他考试时的交通规则旧本本，现在加了很多很多新规则，因而弄得她不及格！男主人抱歉地笑了笑说，见鬼，每年加的新交通规则简直在呈几何级数增加，太可怕了！

这个话题一开头，就被一群包饺子的留学生七嘴八舌地发散开去了：

——交通规则再多也没能把巴黎的交通疏通！我昨天下班时在荣军院旁边的主干道上每移动 10 米就花一个小时，比懒猴爬树的速度慢上几十倍。

——我有一天在塞纳河边堵车，从汽车缝隙里钻出来一辆摩托车，车上人拿起铁锤"哐啷"一声就打烂了我右侧的车玻璃窗，把我放在副驾驶位置上的手提包给抢走了，吓得我半死！可是那位黑人兄弟还故意脱掉头罩亮相，给了我一个飞吻，就钻进车缝隙里去了。

——有人计算过，现在巴黎市的车速远不如 19 世纪的马车速度。过去的马车多自由自在啊，完全没有让人不堪忍受的交通规则；不过话又得说回来，没交通规则的马车却把大科学家居里先生给撞死了……

"咳，活得真没劲！"有人大声感慨。他是有南欧人狂放禀赋的西班牙留学生，外号叫"斗牛士"，说："人活着真不如动物自由自在！你看，人就不如这窗台上那只鸽子，想飞就飞，想停哪里就停哪里。人发明了太多的共同规则，把每个个体层层捆绑，什么交通规则、法律法规、宗教戒律、道德伦理、社交礼仪，还有层出不穷的各种电子产品的使用说明书……我们都像古希腊雕塑《拉奥孔》中的父子，一个个快被规则的大蟒蛇给勒死了！我现在终于弄明白卢梭的一句自相矛盾的话了：'人，生而自由，但无往而不在枷锁之中！'这枷锁，就是各种该死的社会规则！"

有点嬉皮残留的美国留学生接话："所以啊，人，才要玩命地去争取自由！记得有位匈牙利诗人叫裴多菲的，他有首唱颂自由的诗，能让人的心潮发生海啸！可惜我忘记原诗句了——"

"生命诚可贵，爱情价更高。若为自由故，两者皆可抛！"独根大辫子中国姑娘立即声援他。

"听听吧，为了自由，生命、爱情都可以不在乎！自由高于天！为什么？亚里士多德说过，人的创造必须有三个条件：思想自由、好奇心、闲暇。自由是创造的首要条件。人活着的最高价值就是创造。刚才西班牙斗牛士说得对，人不自由连动物都不如！在我们美国独立 100 周年时，你们法国人送给我们的大礼是自由女神，不是捆绑我们的法律女神。自由女神她高举着火炬宣告：让所有勒死创造思维的规则见鬼去吧！"美国学生滑稽地站到凳子上高举着饺子模仿起自由女神来，引得哄堂大笑。

"这怪你们缺乏动物学的基础知识，凭空想象把动物的自由过度夸张了！"一位学生物学的高个儿英国女生不苟同，"不光是人类有剥夺个体部分自由的群体规则，动物中也有的是。譬如狮群吧，当母狮群捕猎到食物后，如果雄狮王在旁，得让狮王先吃个饱，它连幼狮都不让。在狮群中，只有狮王有交配权，发情难受的年轻雄狮们，只能冒险偷情，一旦被发现会被狮王咬得遍体鳞伤。个体的食、色自由都受到严厉的限制。说到蜜蜂、蚂蚁等社会性昆虫，那群体规则对个体自由的剥夺绝对要比人的被剥夺厉害百倍！在动物界，凡是沾到群体生存边儿的动物，都有限制个体自由的规则。剥夺个体部分自由没有什么可诅咒的，恰恰是生物进化出来的让群体繁衍得更精彩的智慧策略！"

哇，这个英国异见分子的话语够犀利的！

一直没吭气的斯斯文文的印度留学生此时温雅地开腔了。可能是印度古老的《奥义书》对他的熏陶，金口一开就有着凝重的奥义味儿："刚才独辫子女主人说的她考不及格的交通规则，激活我的联想。交通规则看起来没有任何人文内涵，我却认为是一部图像化的人生哲学书。它是我们每个人的人生轨迹的微缩模型。我们每个人从生下来就开着一辆'生命车'，朝着死亡的方向奔去。那些被冠以神圣定语的五花八门的社会规则，就是人生道路上的交通规则。倘若我们都不遵守那些法律的、道德的、宗教的、契约的、礼仪的规则，所有'人生车'就寸步难行。这与必须遵守公路上的交通规则是一个机理。换一种表述是，倘若人类社会没那些被标榜为神圣的崇高的规则，谁也活不成，起码谁也活不好。然而，每个人又发自肺腑地讨厌甚至憎恨所有束缚自由的规则。这就是诡谲的人生境遇。什么叫自由创造？不过是戴着'神圣群体规则'的镣铐，创作了一段前所未有的奴隶舞蹈罢了。"

英国高个子女生好像受到印度男生一番话的激发，喊了起来："啊上帝，我开悟了！我发现了！我们人的生存模式，是在所有生物物种中最为乖谬、最为荒唐的一种：人类，既是'蜜蜂'又是'大熊猫'！"

太新鲜了！我们人既是蜜蜂又是大熊猫？呵，又甜蜜又憨美？大家七嘴八舌地揶揄她。

"别做梦了，既不甜蜜又不憨美！"英国女生斩钉截铁，"人类和蜜蜂都是社会性生存动物，这一点毫无疑义。那么，人就必须与蜜蜂一样恪守所有的'群体生存规则'。另外，刚才美国佬说了，我们每个人又是天生的自由派，渴求个体自主生存、自由表达、自我创造，这又与大熊猫的生存模式如出一辙。大熊猫只在发情交配季节聚到一起厮打一阵争夺交配权，余下的全部时间都是雌雄分居，独来独往于风景迷人的中国四川海拔 3000 米左右的竹林里。它们每个个体没有被任何群体规则所约束，是彻底的自由主义派生存。这正是我们千古世代所憧憬所鼓吹所为之拼命争取的生存模式。这样，蜜蜂与大熊猫这两种决然抵牾的生存方式就宿命地加在人类身上了。于是，我们就活得很乖谬、很荒诞、很难受、很尴尬！啊，我太高兴了，谢谢印度男生的启迪，使我此刻有了个大发现，发现了人类之所以活得很难受的机理：那就是我们不幸兼具蜜蜂与大熊猫的双重生存态！"

大家都被英国小姐这番奥峭的"仿生人类学"封口了，不知如何接她的话。幸亏独辫子女主人即时端来刚下好的第一锅热气腾腾的饺子，这才避免了冷场。

最辛劳的工蜂为何不争"蜂权"？

吃饱喝足。在进入喝咖啡程序时，信口开河的"语言消费之瘾"又上来了。

这一回是我挑起了一个有点刁钻的话题。

我说，刚才英国小姐的一番话可谓石破天惊。人的存在真的很尴尬很困顿很无奈，必须依赖群体而生存，而又拼命诅咒并企图违背群体生存规则。接下来我想请教各位一个养蜂人的问题："我养过蜜蜂，深知蜜蜂社会极其不平等、不公平。蜂王一辈子享受最高级的蜂王浆，子孙满堂，而且独享高寿达 6 年左右。雄蜂虽然只能吃蜂蜜，却是一生清闲不用做工的大情圣，活着就是与蜂王做爱。在一次与蜂王浪漫的婚飞中燃烧完激情，立即殉情成了裙下风流鬼。那些没争到交配机会的雄蜂，最后被工蜂驱逐出蜂巢而饿死。工蜂最为不幸。本是淑女却不能做爱不能生育，过着一辈子无爱的生活，而且承担着蜜蜂社会全部又脏又重的苦活儿。终因过劳成疾而使其寿命只及蜂王的十分之一。然而，极其不平等的蜜蜂社会却极其和谐，工蜂从来不会闹蜂权，何故？"

中国独辫子姑娘给我送来咖啡方糖时嬉笑着回答："我猜想，因为工蜂它们没有人那样的自我意识，就不会感知到自己处在极端不平等之中，所以就没有牢骚、没有愤懑。我老家隔壁有个先天性白痴，整天乐呵呵的光着脚跑来跑去，因为失去自我意识就感受不到自己的病态和可怜。同理，工蜂它们再苦、再守活寡也不会闹蜂权！"

我连连点赞，说，回答得妙！

"不妙，一点儿也不妙！假设工蜂有自我意识，它们也不会闹蜂权！"英国女生一开腔就是那么惊世骇俗，"其中的奥妙是蜂王、雄峰、工蜂为了实行社会性生存，各自进化出了符合分工工作的不同基因。请记住，蜜蜂社会的和谐分工，是依托不同基因设计实现的。工蜂们在做着合乎自己基因设计的那份工作，即使有了人的自我意识，它们也定会告诉你，你们以为我们很遭罪，不，可我们觉得干得非常惬意快乐呀！"

"子非蜂，安知蜂之乐？"中国独辫子反问英国女生。

英国女生听不懂，我就向她解释了独辫子引用的庄子之问。大家听了一起鼓掌，赞赏独辫子问得好。

英国姑娘反击："你们别笑！达尔文虽不是蜜蜂，但他知道工蜂干得很快乐！一、任何一个进化出来的成功的基因设计，都是原有基因的盲目变异与流变着的环境相契合的结果。这叫物竞天择。经过优胜劣汰，能生存下来的都是幸运的适应者。二、所谓适应者，自然给其的伤害较小，获得生存资源较易，繁殖后代较旺，因此，适应者的神经感应一定是良性的，翻译成人类情感语言就是惬意、快乐。三、大自然这个伟大的生命基因设计师，按照生物群体共生的分工，设计出不同基因的个体生命，每个个体都能各司其职、各得其所，一定是各得其乐，所以它们不会像人类那样闹人权。总而言之，造化睿智的基因分工设计，造就了蜜蜂、蚂蚁等社会性生物永恒的内在和谐。"

"你对蜜蜂成员基因构成的知识不完全正确，"我说，"蜂王和雄蜂的基因有所不同，这是事实；但是蜂王与工蜂的基因却是一样的。"

　　"是的。虽然工蜂与蜂王的基因是一样的，但是，在从卵孵化成幼虫后各自的后天待遇就大相径庭了。被选定为王储的幼虫，其所在的空间（王台）特别大，一直被喂蜂王浆；被确定为工蜂的幼虫，送进了一个小空间里，而且只喂三天蜂王浆就改喂蜂蜜了。由于这两个后天条件的巨大差别，工蜂幼虫与蜂王幼虫的基因表达就迥然相异了。结果是，工蜂个头远比蜂王小，终生失去正常生育能力，只能做繁重的但适宜的采蜜、筑巢、清扫、抚育……"

　　法国奶油小生向英国利嘴提了一个击中要害的问题："人类今天的生存方式不也是长期进化的结果吗？按照你的社会分工基因设计论，为什么人类没有按照社会分工设计出不同基因的人来呢？"

　　英国女生红起了脸语塞在那里了。

　　"哈，别为难达尔文了，还是去问上帝吧！"美国小子在胸前画了个十字，引得满屋井喷式大笑。

　　没想到红着脸的英国女生压根儿没认输，愣了一会儿马上又回过神来，接着她摆开了"舌战群儒"的架势："你们笑吧，达尔文会让你们嘲笑自己无知的！"

　　她像她的前辈丘吉尔一样地雄辩，给我们描绘了多幅关于人类进化过程的高清画面：

　　▲1000万年前，非洲古猿在冰河期被迫纷纷离开森林。

　　▲本是唾手可得的果子食物没有了，逃避狮子等天敌的森林高处避难所也没有了。他们只能在平地上采集，只能在平地上与高速度、大力士的狮子、猎豹等搏命。单个儿搏，肯定被吃掉；逐渐发现群体

233

一起搏，可能吃掉天敌。自此，从类人猿到人开始成为协同搏斗的社会性狩猎动物。

▲无论是抵抗天敌还是狩猎天敌，每个人的行为方式都是一样的，无非是用树枝搏击或用石块投杀，没有什么分工也无须分工。因此，各自的基因不会像蜜蜂那样被逼迫而进化成为不同的基因构成。

▲随着人类社会的发展，分工越来越繁多精细，但人类发明了只需通过先知先行者传授（培训）技能，就可以使得具有相同基因的人去胜任各种不同的工作。这，又失去了需要突变出多样基因以适应复杂分工的进化动力。

▲正是这种教育传授法，能让相同基因的人做不同的事，就布种下了无尽的烦忧。人有了自我意识，就有了不同工作不同劳苦强度的机体感受，就有了不同工作所获天壤之别报酬造成贫富差别的感受，就有了不同工作产生统治与被统治的社会地位的切肤之痛感受。自我意识又提示人们：既然人类都是生而平等（相同基因禀赋），凭什么如此不公平？于是就烦忧就愤懑，然后走上了争平等、闹人权的漫漫血腥争斗路。

接着兼达尔文进化论与丘吉尔雄辩术的英国女生高调地总结："人类社会现实还一再证明：非基因化分工的人类，任何个体可以通过奋发图强改变分工位置、改变命运。譬如最底层的农民鞋匠的儿子林肯，可以变成最高位的总统；而由基因固化了分工的工蜂，假定去读上10个博士学位也绝无可能当上蜂王！所以，蜜蜂永远不会闹蜂权，而人类将永远的争权夺利下去，不得安宁！"

这个英国小女生，可真是"语不惊人死不休"啊！

印度学生此刻也跟着亢奋起来。他力挺英国女生的奇谈，并说，人类最高统治者集团为了不让被统治的人感到不公平，曾经发明过不少"人类伪基因分工"的理论，力图欺骗安抚分工在下层者安于现状。譬如我们的婆罗门教教义就称，由最高天神梵天将世间的人分成四个种姓等级。在婆罗门的经典《吠陀》中，有这样一个神话：原始巨人普鲁沙死后，天神梵天用他的嘴造出了婆罗门，是最高地位的教士和学者；用他的双手制成了刹帝利，是次一等的军事贵族；用他的双腿制成了吠舍，是三等的农夫和客商；用他的双脚制成了首陀罗，是最低等的农奴和奴隶。所谓"不同部位"不就是先天"不同基因"的类比吗？诸如"君权神授论""血统论""优等人种论"等，都是不同地域不同时期的统治者发明的"人类伪基因分工"论。然而，这些脆弱不堪的神话与假说，都被启蒙运动思想家们和生物学、遗传学等科学家们摧毁了。自由、平等、博爱成了不证自明的普世——

不是要我去炸掉纽约的自由神和教堂吧？

这儿毕竟是留学生相聚吃饺子的闲聊，难以承受英国达尔文加印度《奥义书》的"重"。因此，作为男主人的法国奶油小生只好不顾礼仪，断然岔开印度同学没说完的话题，问独辫子女友："你还去考交通规则笔试吗？"

"废话，不考能拿到驾照吗？"

美国人连忙支持："我给你一本最新版本的交通规则。让该死的考试通过吧，阿门！"

偏偏不识时务的英国女生又借题卷土重来了："正是因为人类非基因分工惹的麻烦，我们才要去学那么多讨厌的交通规则，还非得去考试！就像人进化出伟大的直立行走，让我们成为万物之灵，可是让我苦受着生命界独有的难产、痔疮、腰腿痛、心脏过劳症……同样的道理，人类创立了非基因分工（培训分工），使我们的社会系统越来越复杂高效而有序，但也让我们独受着既是'蜜蜂'也是'大熊猫'双重生存困境的身心痛苦，以及社会绵延不绝的恶斗！"

人的最为尴尬的生存方式：既是"蜜蜂"又是"大熊猫"

西班牙斗牛士对着英国利嘴提出质疑："你独霸今天饺子宴的话语权这么久，到底想要说什么？想要做'蜜蜂仿生工程'，把每个人的基因重新编码，以适合自己的社会分工？这样人类就彻底消除烦忧而快乐地各司其职、各取所需了？"

印度男生抢先回答："不，这根本不可能。假定有一天基因技术不成问题，也是不可操作的。首先，谁都愿意改造成总统的基因，而不愿意改造成到阿富汗拆路边炸弹的战士。此外，人类的社会分工是与时俱进的，假如实现基因分工，那么昨天开蒸汽机火车的基因司机，今天就开不了高铁火车了，那他怎么办？还是个乌托邦。我说过了，不妨再刷新一次：在越来越繁杂、苛严的交通规则捆绑下实现你开车的自由，这就是我们每个人的人生轨迹的共同编程；无论你烦忧还是不烦忧，都得开到墓地。"

"爱智者只管发现，发现人有双重存在，"英国女爱智者说，"不管你们要做什么——"

美国留学生立即打断："不，你要我回到纽约去炸掉自由女神像，因为你们说，我们是社会性生存的'蜜蜂'，女神高唱的自由是哄人的。哦，你们还要我炸掉教堂！因为你们又说，我们的天性与'大熊猫'一样，不喜欢'十诫'以及任何规则捆绑，牧师用神圣天堂诱惑、用可怕地狱吓唬那一套该收摊了！不过，告诉二位，我不想当恐怖分子！走了，回宿舍了，明天的天下依旧是昨天的天下！祝达尔文、泰戈尔的两位后裔好运！"

一阵哄笑，包饺子聚会就这么散了。

我被这顿饺子哽住了

人散了，可我却被包在饺子里的英国女孩和印度小子随兴说的那些"坚硬的判断"给哽噎住了！

真是第一次听闻，人的存在模式，居然是"蜜蜂"（却又没有蜜蜂那样依托基因设计不会闹蜂权的分工）加"大熊猫"（却又根本不可能像大熊猫那样离群索居）的双重加身。乍听，是信口胡扯、逗人一乐的闲话；细品，却撞上了苏格拉底提出的"认识你自己"的千古哲学谜题了！

"你自己"是什么？该如何过"你自己"的一生？

似乎可以用"你自己是蜜蜂"或"你自己是大熊猫"的说法，把千古神学家、哲学家、政治学家、心理学家等分为选边站的两大派。

儒家的"修、齐、治、平""三纲五常"，是强调复兴周代那样神圣礼仪规则的"蜜蜂"派；杨朱的"贵己""为我""不为利天下拔一毛"，是解构所有利他主义规则的"大熊猫"派。一心修成清静无为、逍遥无碍鲲鹏的道家，也是"大熊猫"派。

上帝、耶稣、释迦牟尼、印度教的梵天是蜜蜂派，柏拉图的"理想国"是蜜蜂派。第欧根尼的犬儒主义是大熊猫派。霍布斯的《利维坦》是蜜蜂派，洛克的分权政治哲学是大熊猫派。康德的道德律令是蜜蜂派；尼采的"上帝死了"和弗洛伊德的"自我本我超我"的精神分析是大熊猫派。美国的《独立宣言》是大熊猫派，斯大林的极权主义是蜜蜂派。萨特把自由当作存在的第一要义和人生的最高目标当然是大熊猫派，现代自由主义哲学的关键人物穆勒当然也是大熊猫派……

这么一归类，好像没有一家认为"你自己"既是蜜蜂又是大熊猫。这就凸显出了英国女生关于人的双重存在态是"认识你自己"的新锐与新睿问题。

一顿饺子吃下来，原来可以轻飘飘地说一句：哦，无论是个人主义自由派，还是利他主义群体生存派，你们这些学富五车、才高八斗的名士们，苦心孤诣争论了2000多年，竟然全都是偏执玄谈！

想累了，困倦了，恍惚中看到苏格拉底站在广场上——不像是古希腊的广场,是时代广场?协和广场?——他对着上帝和哲学家们说,抱歉,你们的"认识你自己"的所有答卷我至多只能给 59 分,下一步,我将请英国女生、印度小子当你们的指导教授,继续往下做……

公鸡／先驱定律

被徐悲鸿的"公鸡"叫醒

巴黎的中产阶层好"狡兔三窟"：一处是巴黎市区的家宅；一处在远郊乡间的"农舍"；一处是每年去某个旅游目的地租用的住上一个多月的"浮萍家"。一家三制——都市、田野、漂移的新鲜空间，好一个惬意兼得。有一次，我被在巴黎东方语言学院教中文的汉学家尼古拉邀请，周末到他的乡下住宅去度周末。理论上是到乡间休闲，其实一两个星期没来，必须先做偌大的二层楼房的清洁，绝对是周末劳役。人役屋？抑或是屋役人？说不清道不明。不过，到第二天，坐在后院大阳伞下看着身旁金黄色的油菜花喝咖啡聊天，那是绝对要比

徐悲鸿《风雨如晦 鸡鸣不已》

公鸡 / 先驱定律

巴黎车水马龙街道旁的咖啡座更能诱发人思接千载、心骛八极。

就在金黄色的田园情调中，尼古拉告诉我一则教学趣闻。他在讲唐代诗人李贺的"雄鸡一声天下白"之句时，从没有见过活公鸡的法国大学生个个都觉得匪夷所思，说："雄鸡不就是繁殖后代的鸡爸爸吗？就算再加上一个功能，也就是肯德基的美味了。奇怪，诗人怎么把公鸡的鸣叫与天色发白连接到一起了呢？"尼古拉只好循循善诱：先说公鸡这个物种的生物钟很特别，唯独它每当黎明到来时就高声啼鸣；再说在农业时代还没有钟表，人们起床靠公鸡的啼鸣来报时……

"想想看，要靠生物学与历史知识的诸多注释之后才能体味诗韵，那肯定不会即时产生直冲神经根的美感冲动了，于是只剩下了'肯德基'味！"尼古拉笑红了眼眶如是说。

我被感染得也恣肆无忌地笑了一会儿，接着佐证，当下中国大学生何尝不是这样？他们读到这句中国古典诗时照样也会有相同的"肯德基味"的。

尼古拉忽然想起什么，说了句"失陪"就进屋去了。出来时拿了一幅水墨画，说他在中国北大留学时得的，不知是真品还是赝品，请我鉴定一下。我一看是徐悲鸿画的公鸡——哈，又是公鸡——今天尼古拉缠上"公鸡情结"了！虽然我不是鉴定画的内行，但是我知道他当时是个留学生，肯定买不起天价的原作，马上就说是复制品。他眼睛发光地点头，说，这画是他在中国交往的女友——中央美院的一位纯情女生——送给他的。画是赝品，情是真品。

我再仔细欣赏这幅"爱的载体"——徐悲鸿的《风雨如晦，鸡鸣不已》时，心头不禁"咯噔"了一下，萌生了一个"顿悟"："尼古拉，我从这公鸡的啼鸣，忽然想到孔子是一条丧家狗了！"

尼古拉一头雾水，失语看着我。

我连忙解释说："孔子是中国第一个提出德治、仁政的大智者。在他那个风雨如晦的时代，是了不起的雄鸡啼鸣第一声。可是，他历尽艰险周游列国去营销他的安邦治国之道，'鸡鸣不已'12年，却到处碰壁，没有一个国君采纳，就像一条到处被冷落、被驱赶的丧家狗。其根本原因就是'叫'得太早了！你看，280多年后的西汉董仲舒，他在汉武帝面前'啼鸣'了一阵，孔子的治国平天下之道马上就成为国家意识形态，在中国延续了2000多年！董仲舒也因此当上了至高无上的皇帝之师——帝师！"

"你到底想说什么呢？"尼古拉还是懵里懵懂。

"你不觉得公鸡啼鸣，或者说思想者发布宏论，有个时效问题吗？叫早了，不仅无效，还会倒霉，孔子这只叫早了的公鸡成了他自己说的丧家狗！"

"哦！"尼古拉终于理清我紊乱的意识流了，"孔子还算幸运的呢，在我们这里，叫早了的公鸡被烧死了！譬如，14世纪意大利天文学家采科·达斯科里说了一句'地球是圆的'，16世纪末布鲁诺宣扬哥白尼的'地球绕着太阳转'，都被烧死了！"

"因此我质疑：因为'叫早了'而牺牲的思想先驱，固然'我以我血荐轩辕'的殉道精神可嘉，其实没有任何实际的社会价值，白死了！"

"啊？不不不，这对牺牲的先驱太不公平了，甚至是亵渎！"尼古拉毋庸置辩的口气绝不苟同。

从达·芬奇手稿引申出的"公鸡定律"

达·芬奇手稿：古意大利语、反字、常常没有标点符号，为了绝密！

没过几天，我去罗浮宫看一个特展——《达·芬奇手稿展》。

从几千页的像天书一样的达·芬奇手稿得知，他何止是一位天才的画家，还是一位"天才中的天才"的发明家！手稿里的图像令人眼花缭乱，有建筑设计图、人体解剖图、各种植物的花与叶图、几何图、机械图……"讲解员"——讲解了500年前的达·芬奇的发明，有飞机、直升机、降落伞、大炮、战车、战舰、云梯、各种船只、潜水用具、纺织机、印刷机、起重机、抽水机、卷扬机、挖土机、冶金炉、钟表仪器、聚光镜、望远镜、人造眼球、水库、水闸、拦水坝……他所涉及的学科广博得近乎神话，有光学、力学、物理学、数学、天文学、水力学……

哦，还不止如此，更让我惊愕不已的是达·芬奇还是一位太超前的思想先知！譬如，在哥白尼发表《天体运行论》之前几十年，达·芬奇就提出地球是绕太阳转的，否定了地心说；又如，在比达·芬奇小200岁的牛顿发现万有引力之前，达·芬奇就计算出了地球的直径。更不得了的是他超越几代思想家，其批判教会的言论无人能出其右："教会是一个贩卖欺骗的店铺"；"假仁假义就是神父"；"真理只有一个，它不是在宗教之中，而是在科学之中"。讲解员讲到这里加入了自己的猜想："可能是为了免遭教会的残酷迫害，达·芬奇手稿是用左手写的反字，而且用的是很少人能懂的古意大利文。这才是一份真正的达·芬奇密码！"

当我走出罗浮宫，忽然尼古拉家的那只徐悲鸿公鸡在我耳际叫开了，又觉得有所悟，马上就给尼古拉去电话。我介绍了这次达·芬奇特展后说："尼古拉，达·芬奇也是一只叫早了的公鸡，更是一只毫无价值的公鸡。他把自己的先知先觉全部锁在密码里几百年，哥白尼的伟大发现与他无关，马丁·路德的宗教改革与他无缘，莱特兄弟发明飞机与达·芬奇的飞机更是无涉……天才智慧全部白费了！"

尼古拉不耐烦了："我要问你，你这么煞费苦心去证明先驱没有价值到底有什么价值？我觉得无聊。"

"不，尼古拉，你慢慢听我说。达·芬奇手稿证明了一个'公鸡定律'，或者说'公鸡报晓时效定律'。达·芬奇锁在手稿里的天才发明与深邃思想，后人照样一一发明与发现了。这证明：

一、太阳不是靠公鸡叫出来的，不叫也会按时升起；

二、人也不是靠公鸡叫醒的，不叫，人也会按生物钟自然醒来；

三、公鸡报晓的价值仅限于：在太阳将要升起，人们将要醒来，你引颈高亢一番，人们黎明即起，闻鸡起舞。若叫得太早，半夜鸡叫，无人响应，甚至要被宰；若叫得太晚，遭人嫌弃，被人鄙薄。"

尼古拉不以为然："哈，公鸡也弄出个定律来，这有意思吗？"

"很有意思！公鸡定律实际就是先驱定律。达·芬奇在反神权思想与科技发明等方面，不仅是叫早了，而且是没叫出声来的毫无意义的公鸡。不过，达·芬奇在绘画方面是文艺复兴时期的叫得最适时的公鸡，因而是伟大的先驱。"

"Non non（法语'不不'），这太牵强附会了！"尼古拉大声否定，"拿个小公鸡说个没完，是不是精力过剩了？不说了！"

我们说不下去了，我只好圆场："在这多元价值的时代，你也对，我也对。哎，公鸡话题可是你的信物画引出来的哟！"

巴黎先贤祠证明的"公鸡/先驱定律"

生活中的偶然，是人间一切超想象的戏剧性的创造者。有一天晚上尼古拉亢奋地给我打电话，说："你的公鸡定律我认同了！在巴黎先贤祠里安眠的法国先驱，都是太阳将要升起时叫的公鸡，因此雄鸡一唱天下白！"

"什么？"我愣住了，对于这"突变"，不知道如何反应。

尼古拉的语音柔了起来，比平常压低了一个大二度，浸润着品尝"路易十三"葡萄酒似的醇香："告诉你吧，送给我公鸡画的那位前女友到巴黎国际艺术城开画展来了！她邀请我参加了开幕酒会，还把送给我的那幅临摹徐悲鸿的公鸡画借去展览了。因为她的缘故，我才品味到你的公鸡定律确实是见微知著。"

他把这个戏剧性突变娓娓道来。

画展很成功，尼古拉尽地主之谊，请女画家吃了顿法国大餐，并主动提出要当"地陪导游"。一般中国初来巴黎的朋友首选"老三篇"：巴黎圣母院、埃菲尔铁塔、凯旋门；唯独女画家却首选在巴黎五区（拉丁区）的先贤祠（又译"万神殿"）。先贤祠初建是一座教堂，1791年改为埋葬法国伟人的墓室。200多年来祠内安葬了伏尔泰、卢梭、雨果、左拉、柏辽兹、马尔罗、居里夫妇和大仲马等学者、科学家、艺术家，还有少数政治家。至今共有 72 位对法兰西做出非凡贡献的人享有这一哀荣。

尼古拉接着说——

他们进入先贤祠首先拜会的是启蒙运动思想家伏尔泰与卢梭。这两位的棺木放在最中心、最显赫的位置。伏尔泰的棺木上镌刻着金字："诗人、历史学家、哲学家，他拓展了人类精神，他使人类懂得，精神应该是自由的。"走廊对面是卢梭棺木。卢梭隐居乡村写出伟大的"社会契约论"叫醒了世人，因此他的棺木造型设计成在大自然中的乡村小庙模样，庙门微启，从门缝里伸出一只手擎着火炬，照亮了世界。

女画家突然问尼古拉："你知道我现在在想什么？"尼古拉迷惑地摇头。女画家接着说："灵感来敲门了！我要把伏尔泰、卢梭注入李贺的诗，创作一幅唤醒蒙昧人类的'雄鸡一声天下白'！难道不是吗？难道不是吗？颠覆神权君权专制的法国大革命就是他们叫出来的；权力在民三权分立的美国宪法也是他们叫出来的。如果说，徐悲鸿的'公鸡'是想叫醒被奴役的一个国家的国民，那么，这里的公鸡是叫醒全人类——那才是真正称得上'天下白'……"

尼古拉茅塞顿开地大声对女画家说："啊，你也把我叫醒了……"然后，尼古拉细说了前些天他与我如何从她送给他的公鸡画一直到公鸡定律的争论……

"后来我们在先贤祠的参观，"尼古拉告诉我，"我们两人不断发现你的公鸡定律在这里有太多证据了！例如，雨果之所以能在这里安眠，就是因为他叫出了浪漫主义文学的'天下白'，左拉叫出了自然主义文学的新天下，居里夫妇叫出了物理学的放射线与原子能的新时代……总而言之，进到这里来的全是叫出过新天下的'公鸡'！"

尼古拉接着说，他们参观完之后，觉得余韵未尽，于是又到就近的卢森堡公园对面的咖啡馆坐了下来继续说"公鸡"。人逢知己式的热情谈论，使尼古拉又想到中国古代诗歌描绘公鸡的两句诗，即李频写的"在暗长先觉，临晨即自鸣"的公鸡诗。女画家立即抢过话头，说，太妙了！这两句诗可以推出在法国先贤身上完美体现的"先驱定律"：

一、先驱必须是有"先觉"的公鸡（女画家说）；

二、（尼古拉抢说）先驱是敢于登高并大声地把先觉叫喊出来的公鸡；

三、（女画家又加了一条）先驱是选择"临晨才鸣"的合时效公鸡；

"凡满足上述三条者，方能称得上是人类社会所礼赞的先驱。"女画家如是总结。

尼古拉笑着问我，语调里有着踌躇满志："你对我俩由你的'公鸡定律'推导出来的'先驱定律'有何见教？"

我说："太棒了！我这才是真正的抛砖引玉呢！不过，我觉得还应该加一条——"

尼古拉："请讲！"

"第四条：先驱是能够叫醒（启蒙）万众闻鸡起舞去颠覆长夜、迎来'天下白'的公鸡。伏尔泰、卢梭等就是如歌德所评价的，是'结束一个旧时代、开创一个新世界'的公鸡！"

尼古拉连声说"好"，他提议把两条定律合二为一：公鸡／先驱定律。

我非常赞同，接着开始自嘲："我们仁的喜悦程度绝不亚于牛顿发现万有引力定律，但我们应有自知之明，这不过是在玩一个雕虫小技的思想游戏！"

"不，我不这么认为，"尼古拉不想当东方的谦谦君子，"公鸡／先驱定律至少是第一次把几类非先驱给剔除出去了。譬如，只敢在书斋里唱高调还想将高论藏之名山传之后人的识时务思想者是非先驱。又如，不会审时度势叫得太早的悲剧性思想者也是可敬的非先驱。再如，不善操作即时的传播技能，因而没能把万众叫醒，反而孤芳自赏，这般思想者也该归属非先驱。"尼古拉说到这里打住，立即跳出了一个新问题："你说有叫晚了的公鸡，有吗？这里有个逻辑矛盾，先觉者怎么会晚叫呢？"

我说有，并给他举例说明："伏尔泰的思想，如果在教科书里讲述，或者是研究者研究，那是正常的研究、诠释等小众活动。倘若有人建立了一门'伏尔泰学'，通过国家电视台以'百家讲坛'的形式向公众热播，这些'讲坛公鸡'是不是叫晚了200年的公鸡？"

"当然！"尼古拉说，"法国六家电视台，你什么时候看到过专讲狄德罗、伏尔泰、卢梭学问的节目？这些教授讲课的视频，应该放在巴黎大学或其他专司人文教育的网站上播放。"

我说："中国很多电视台，偏偏把相当于教授在课堂上讲课的视频，拿到电视台来放，还冠以'××讲坛''国学讲坛'等似乎是高端学术讨论的高帽。教授们轻车熟路地把课堂讲授过的老子、孔子、孟子、墨子、庄子、韩非子等诸子百家，将他们2000多年以前写下的论述，用现代人听得懂的话复述一遍，再加上一点儿增强可听性的感悟事例，一下就跃升为名满天下名利双收的'中国文化大学者''国学大专家'，其知名度甚至比原创者还要大千倍！你说你是教师，也许可以说是教师中的翘楚；你要说你复述孔子就是国学学者，那就得用'公鸡定律'来衡量了。其结果是：充其量不过是拾人牙慧、鹦鹉学舌而啼叫的、叫晚了2000多年的'公鸡'！"

尼古拉哈哈大笑："你们的文化批评家到哪儿去了？"

"也挤到名家讲坛当'一讲成名'的晚叫'公鸡'了。更有意思的是，讲完孔子、老子等诸子一轮之后，没'子'可讲了，接着就讲开了中国几百位帝王的故事。

尼古拉似乎认同我的人间确有晚叫的"公鸡"了，说："想起来了，晚叫的'公鸡'不仅中国有，西方也有。譬如，我听一位流亡巴黎的捷克朋友说，他在捷克的极权主义社会里，曾经善意而天真地著文，吁请他认为较开明的掌权者逐渐实行启蒙运动思想家的主权在民、权力制衡等被200年国家管理史证明行之有效的民主制度，其结果是被判了12年重刑……他嘲笑自己咎由自取，说：我真蠢啊！当今世界所有受过现代教育的人，包括独裁者本人，谁都知道伏尔泰、孟德斯鸠是对的。所以，改变极权不再需要晚来的启蒙，而需要即时的坚实的革故鼎新的行动！咳，这位捷克朋友就是学着孟德斯鸠啼鸣而惹下的祸！"

我顿时沉重起来，感到有物伤其类之痛，不禁默念起唐代诗人顾况在《过山农家》所写的"板桥人渡泉声，茅檐日午鸡鸣"之句。诗里就有晚叫的"午鸡"。我自问：是因为山高蔽日，山庄人家才会有错时而叫的"日午鸡鸣"吗？

耸人听闻的 5.3 方程

巴黎联合国教科文组织总部。在庆祝法国大餐第一个作为饮食类被评为世界文化遗产的记者招待会上，一位法国媒体人走过来向我打招呼。我见他的胸牌上写着大名鼎鼎的美食圣经"米其林书刊社"，立即热情回应并与他交换了名片。中国圣人教诲了"食色，性也"几千年，当我看到法国美食圣经编撰者，自然会有来自"本我"的原始冲动。

他叫雅克，留着法国 19 世纪"短篇小说之王"莫泊桑那样的优雅的美髯，褐色的眼光里也有着莫泊桑那样莫名的沉郁，我心里嘀咕，这仁兄是"莫泊桑二世"。他问我酒会结束后有没有时间一起去喝杯咖啡。我当然说非常乐意。

我们在一家邻近的咖啡馆坐下开聊。我很想听听他揭秘米其林美食家如何秘密品尝与独立评定各个饭店美食等级，因而公信力至高无上的秘籍，可他一坐下来就侃侃而谈去中国、印度的游历。他说对这两个文明古国很着迷。尽管他看到当下的中国人随地吐痰乱穿马路，看到印度的牛在马路上与汽车争道，感到古文明衰落的悲凉；但是，又强烈感受到这两个国家的人却又不像古希腊文明的传人——今天的希腊人阉割了创造性。中印那两块地方，似乎有种"智慧暗物质"在神秘运作，到处弥漫着你看不见的生机活力，就好像女人在怀孕。对，这两个国家正在怀孕，让人时刻有对未来新生生命的神秘憧憬。

呵呵，听了"莫泊桑二世"这番"宏大叙述"我感到突兀。初次见面就讲这样像花岗石一般沉重无趣的话题，通常会认为谈话者情商（EQ）有点问题。不过，我晓得法国人有把说话闲聊当作高级精神消费的癖好，说什么不重要，只要能一直往下说而且说得有趣就行。想到这里，我又必须装得兴趣盎然地听着。

没料，他突然话锋一转，要把我拽入他的"花岗岩话题"来对话，问："你们中国人、印度人没有感到可能有大祸临头吗？"

大祸临头？这从何说起？哇，"莫泊桑二世"将古文明宏论突变成现代荒诞派戏剧的台词了！

可雅克在说这番像埃菲尔铁塔般峭耸的危言时，语调却又如塞纳河那样平缓。他不紧不慢地从包里拿出纸和笔，给我写了一个最简单的一元一次方程式：

60 ： 5.3 = X ： 1

X = 11.3207（亿人）

我，一头雾水！

雅克问我，您知道每年发布《地球生命力报告》的世界自然基金会（WWF）吗？

我说当然知道，那是全球权威的、最大的非政府环境保护组织。

雅克接着说，就是这个权威机构 2012 年告知，如果全世界每个人都像美国那样消耗资源的话，需要 5.3 个地球。众所周知，我们只有一个地球。"只有一个地球"的观点，是英国经济学家 B. 沃德和美国微生物学家 R. 杜博斯写的那本传世之作《只有一个地球》中提出来的。他们根据天文学，至少在以地球为中心的 40 万亿公里范围内，绝对没有适合人类居住的第二个星球，因为人类不可能飞出这个半径，因此绝对没有第二条生路可寻。请问，在这个绝对前提下您对 WWF 提出的"5.3 报告"有何高见？

我不以为然，说，5.3 这类数字早被全世界各种媒体说烂了，现在都成为公众没有感觉的常识了。

"莫泊桑二世"理了一下山羊胡子慢吞吞地说："可是，WWF 在报告中讲的 5.3 数据是个地狱，而所有媒体都忽略了。WWF 根据当下美国人消费地球资源总量计算，如果让全世界每个人都像美国人那样生活，人类需要 5.3 个地球才能保证资源供应。同理根据这个算法，如果全人类像法国人和英国人那样生活，人类需要 3.1 个地球，西班牙是 3，德国是 2.5，日本是 2.4——"

我打断他："您说的这些数字，各种媒体并没有忽略也都广泛报道过，不信在网上马上就能查到。"

"可是媒体没有对5.3这些数字的可怕逻辑进行解读！"他说，"好了，你来看我这个魔鬼方程式吧。"

雅克指着他写的方程式给我解释——

"您看，这个方程式是这样列出来的：如果60亿人（WWF发表报告时全球60多亿人）过美国人的生活，需要5.3个地球，即60比5.3。那么，地球到底能够承担多少人（X）过美国人的生活，才能满足只有一个地球可生存的绝对条件呢？在等号后面就是X比1。根据这个等式我们来计算X，魔鬼马上显现了：它等于11.3亿人！也就是说，60减去11.3等于48.7亿人是多余的！您不觉得这个逻辑推理可怕吗？"

可怕？我耸肩。

"您还没有意识到5.3的可怕吗？好，我来推导给你听。方程式已经算出，如果按今天美国人的生活水准，地球只能容忍11.3亿，现在多出了48.7亿，怎么办？

"第一个方案是，要让60亿人在'只有一个地球'的地球上共生，那就得让美国人、德国人、英国人等大幅度降低消费，削去透支地球资源的那部分而回到'1'。这意味着每个美国人的工资从现在开始就得降到1/5.3，即所有美国人只能拿现在薪酬的18.8%去消费地球资源。同理，每个英国人、法国人只拿现在薪金的32.2%，以此类推。您说，美国人、法国人、英国人、日本人等透支地球资源的人肯干吗？"

我不假思索地回答，那当然是乌托邦！不涨工资每年都会游行，这么个全民大减法一定会闹翻天。

关于第二个解决方案，"莫泊桑二世"编了一个寓言。

他说："一个孤岛上有 10 个人，两个是海吃胡吃的大力士，8 个是仅够温饱或食不果腹的弱者，此刻，探明孤岛上的淡水和食物只够两个人长久维持下去，您设想，这两个大力士会做什么？"

哦，明白啦，兜了一圈我终于明白他说的所谓"中国人、印度人将大祸临头"的谜底了！因为，这两个名列世界前二的人口大国是 11.3 亿外最大的多余人口！

我向他求证："您是说，大大透支地球资源的美国人、英国人、法国人、日本人等如果不愿降低自己的消费，这些'大力士'就会心照不宣地联合起来，解决多余的 48.7 亿人的问题？"

他闭了一下忧郁的眼睛，没有回答。

我立即摇头连连说"不"，"不会！" 48 亿，这可是男人女人老人孩子血肉之躯的 48 亿，不是白蚁！

"您说，美国人能做什么？""莫泊桑二世"问我，"您以为那孤岛上两位大力士，会根据他们曾经信仰过的自由平等博爱，带领 8 个弱者一起跪下祷告：请求主耶稣再显神迹吧，您曾经显灵过'5 块饼 2 条鱼就能供 5000 人吃饱，最后还将剩余的装了 12 个篮子'，请将这样的神迹再赐予我们吧，阿门！您信大力士们会这么做吗？"

"反正，反正……"我不知道怎么往下说，荒唐得让人哑默失语！

幸亏雅克接了个电话有事告辞，才中断了人人感觉很荒诞却人人无法证明它荒诞的话题！因为：如果你不能证明 WWF 关于"5.3"的报告是错的，那么就得承认雅克的方程式算法是对的。

出乎意外的是，"莫泊桑二世"临行前一脸愧疚地向我表示歉意："对不起，医生说我患有慢性抑郁症，建议我与人聊一些胡想的新鲜事以增加一点儿脑神经传递介质。这也许对您毫无意义，真的很抱歉。"

《圣经》的二律背反

啊哈，这个法国佬弄了个玄之又玄的话题原来是治病来了！所有正常人都会觉得，雅克的所谓魔鬼方程式虽然没法证伪，但压根儿就是个吃饱了撑的无聊问题。

然而见鬼，我的潜意识——当我一个人发呆或做梦的时候，总在纠结着 5.3、5.3……我好像被 5.3 魔鬼附身了。

也许是我刚读完约翰·米尔斯海默的《大国政治的悲剧》，一下与 5.3 链接上了？这本名噪一时的书，被理论界公认为整个国际关系学术史上的里程碑式的著作。米尔斯海默的理论假设是，因为没有权威的"世界政府"，所以国际行动就处在由各国国家利益绝对支配的无政府状态。在这种状态下，如果有几个大国（即有能力进攻别人获取最大利益的国家）并存，他们相互不信任，就会时时算计着使自己强大同时去遏制损害别的大国。每个大国存在的唯一法门就是不择手段地称霸，起码要成为一个地区的最强。那么，国家间真正的和平就不会存在。这，就是大国政治的悲剧所在。米尔斯海默的这个"大国无义战"的理论，解释了美国几十年前遏制了日本、当下又在遏制中国的发生机制。我挺认同这个论述。可是，没想到当我邂逅一位与国际关系学不沾边的美食专家——还自称有抑郁症的雅克，用一个极其简单的人口决定未来国际关系的 5.3 方程式，似乎颠覆了国际关系学

256

大家米尔斯海默！我的潜意识岂能消停得了？

我想仿效古希腊的苏格拉底，把困惑自己的问题去困惑朋友和同事，看看他们能不能把"莫泊桑二世"的5.3魔鬼给驱走。

报社同仁尼古拉听后就武断地说是中国人弄出来的"阴谋论"。我纠正说，米其林的雅克是纯种法国人。尼古拉马上又加了一句，那雅克的太太一定是个中国人。尼古拉接着还提出了一个证明魔鬼方程是阴谋论的有力证据。他说："如果美国等盘算着要消除48亿不发达国家的多余人口，印度就有10多亿，应该是首要收拾对象之一，那为什么美国极力要把印度列为亚洲的重要盟友，还卖先进武器给它？"

我马上用电子邮件将尼古拉的两个质疑传给了雅克。雅克在回信中传来一张全家福照片，全是法国人模样，下面还用文字注明："全部是正宗高卢血统，不是转基因品种。"太太不是尼古拉猜测的中国人！至于美国与印度结盟，他认为这可能是美国政治家的深谋远虑。"也许美国看到了中印领土之争有很深的仇隙，正好乘机往里面打楔子。设想一下，如果中印被挑动打起来，两国都有核武器，不就可以解决20多亿剩余人口吗？此外，给印度卖武器还能赚大钱，何乐而不为？"

美国这阴招也太歹毒了吧！我不信。

我的一位企业家朋友时光先生听了我的"歹毒说"后却莞尔一笑："大惊小怪！你去读读《圣经》的旧约就明白了。在上帝对人类很失望时，曾嘱咐好人诺亚一个人造了个大方舟，上面仅能载上诺亚一家还有一些生物品种。就这样，全人类除诺亚一家外都被上帝制造的一场大洪水给消灭了。你总不能谴责最高正义化身的上帝太歹毒吧？美国以及其他西方发达国家都属于基督教文化，《圣经》是他们第一尊崇的价值取向，倘若有一天真要他们为了拯救人类物种去干消灭几十亿多余人口的事，我看他们会心安理得，并且还会有效法上帝的荣耀感！"时光老总最后还加了一句："不过，你和我都不用担忧了，我们已经在 11.3 亿之内了，也就是说，我们无心插柳早就登上了西方国家这个现代版的第二诺亚方舟了！"

嘿，这个冷血的家伙，居然为消灭 48 亿的超级恐怖找到了神圣的理论根据！

家庭教会牧师玛蒂德听了我在电话里转述时光先生的观点时极为生气。她说《圣经》讲得非常清楚，上帝面前，人人受造而平等。经文"加 3：28 福音"写道，不分种族的界限（不分犹太人、希利尼人）、社会的界线（不分自主的、为奴的）和性别的差异（或男或女），所有的人都在神面前有同等的地位，而且在基督里都成为一体。主耶稣为了救赎人类牺牲了自己，对所有人的爱才是《圣经》的核心。不错，上帝为清除人类中的败类发动过大洪水；可是谁能够证明当今发达国家的 11 亿人是诺亚好人，而其他的 48 亿人是败类呢？即使有希特勒式发疯的政治家想干掉 48 亿，那民主社会体制的选民也不会投票，一定会把疯子赶下台！因为，选民受过 2000 多年的基督教文化的熏陶，懂得人人都是上帝造的子民，生而平等。

麻烦了，同一本《圣经》却导出了两个决然抵牾的结论，二律背反！

还是"莫泊桑二世"厉害，他在电子邮件里跳出了《圣经》的二律背反纠结。他写道："我想美国总统等领导人没有兴趣去纠缠谁是诺亚谁是人渣等极端而无解的道德问题，他们可能按常理常识这样来设问——

"总统问：我们是希望人类物种繁衍下去呢还是希望同归于尽？

"按常理常识，你只能回答'当然不赞同人种灭绝'。

"总统又问：既然人类不能全部繁衍下去，那么哪一部分人——11 亿人还是 48 亿人——繁衍下去最能够保存和发展现代文明呢？

"你将怎样回答？按常理常识你不会说是 48 亿落后国家的人吧？那就是说，为了延续和发展人类文明，天经地义要保存 11 亿人。

"推理到这一步，你还说什么？"

咳，学苏格拉底去困惑别人的方法反倒让自己更加困惑。

也许"天下本无事，庸人自扰之"？雅克认为已经透支地球的国家会联合起来去消灭 48 亿人，根本就是"以小人之心度君子之腹"！我在回复雅克的邮件中如是说。

米其林三星级法国大餐的美味被糟蹋了

谢天谢地，过了很久雅克没有再提起"5.3 魔鬼"。佛法说："世间诸灾害，怖畏及众生，悉由我执生，留彼何所为？"既然大洪水式的灭绝 48 亿本是雅克虚拟的"我执"，还理它做甚？

我得了一笔很丰厚的稿费，趁着脑子发烧的第一时间打电话给"莫泊桑二世"，请教他这位美食圣经编撰者，问到巴黎哪家米其林最高星级（三星）饭店去为好。说起来很惭愧，在法国旅居十几年只是吃过一般的法国餐，一次也没去过米其林星级饭店。法国人说每一顿饭都是上帝赐予我们的礼物，绝对不能随便打发，看来我离上帝的眷顾实在太远了。我决定去享受上帝给的大礼。

上帝为清除人类中的败类发动过大洪水；

可是谁能够证明当今发达国家的 11 亿人

是诺亚好人，而其他的 48 亿人是败类呢？

满口荒唐言？

5.3 魔鬼方程式

"莫泊桑二世"建议到孚日广场毗邻雨果故居的有 400 年历史的"众神食堂"(L'Ambroisie)饭店去，那是巴黎最著名的米其林三星级饭店之一，以采用地道法国食材著名，可以尝到正宗的法国味。

我说我请客，他说不，AA 制。

我先到，没想到饭店那么小，只能容纳 40 人。迎面的墙上是一幅希腊众神的戈布兰挂毯织画。空间很古香，灯光很柔暗。我觉得饭店名字滑稽，古希腊众神都是一些率性狂浪之辈，怎么会到这样拘谨压抑的食堂来用餐？

法国人好迟到，但一般不超过 15 分钟。果然在预约时间后的第 13 分钟莫泊桑的山羊胡子飘然在饭店门口。

雅克告诉我，这个饭店的主厨巴高特(Bernard Pacaud)已经将米其林三星保持了 18 年，是凤毛麟角的人物。他的特点是重视传统食材的选择。因此，到这里点菜特别要注意食材。

他一边讲一边指点我点了第一道前菜——"Eufs"，即鸡蛋和佛罗伦萨小腿汤，加碟中间是大片佩里戈尔松露形成的黑褐色"圆心岛"的冷菜。

他说这道菜的灵魂是松露，被称为食材中的"钻石"（天价贵如钻石）、"蘑菇中的莫扎特"（意大利作曲家美食家罗西尼给的封号）。它和鹅肝、鱼子酱并称为法国大餐的三大天王。松露还有个让人津津乐道的采挖传奇。采挖人要带着受过严格训练的母猪或母狗去绿橡树或榛子树林子里嗅寻，因为松露长在 20 厘米以下的泥土里。为什么只有母猪母狗才能嗅到？因为松露含有阿尔法雄性荷尔蒙，这是一种类似男性类固醇荷尔蒙的复合物。母猪一旦嗅到立即亢奋地用鼻子把松露拱出来，这时采挖人必须马上用蛮力把猪拉开并快速抢回松露，不然母猪就会一口把它吃掉！

太妙了！传奇讲完，松露就端上来了，果然散发着霸道的似麝非麝似蜜非蜜的情欲之香、荷尔蒙之香！

第二道前菜的法文名字很长，记不住，但食材是闻名遐迩的法国蜗牛——名菜"奶香蜗牛"。我请他给我解谜：法国人怎么想到或者说怎么敢将粘黏滑粘黏滑令人恶心的、专吃葡萄园里腐败茎叶的软体动物蜗牛升格为世界级美食的？

与米其林美食大师共进美餐真棒，味蕾品尝主厨巴高特烹饪的人类最高端美味松露蜗牛，心灵品尝着"莫泊桑二世"烹饪的法国文化符号鸡汤。

然而雅克的脸色突然转阴，他看着他盘子里的蜗牛（他也点了这道前菜），却说了一番大大扫兴的话："我们米其林书刊社统计过，这道一小碟奶香蜗牛，要用103道工序才能做成。人有原罪，美食也有原罪，那就是高耗能、高耗材、高排碳。美食家是用牙齿挖掘地球生态坟墓的'海豹突击队'。你我今天每人约花400欧元也报名加入了。我们米其林便是这个突击队的魔鬼训练营！我本来想用餐后告诉你我辞职了，可是'蜗牛'让我提前了，对不起。"

辞职了？这才叫心灵震撼呢！他没有解释原因，我也不好细问。

后面两道主菜——黄金鱼子酱、罗泽尔省胡椒烤羊排，我再也不能兴致勃勃地向他请教了，因为我已经被定义为挖掘地球生态坟墓的"海豹突击队"队员了。

一直熬到了吃完甜点、上了咖啡。这应该是个放松时刻。雅克拿出笔记本电脑，说要请我看两段视频。

雅克打开笔记本电脑时对我说："记得你很久以前说过，'5.3魔鬼方程'可能是以小人之心度君子之腹，西方的政治家们根本没有为地球容不下人类而焦虑过，更不要说消除多余人口的谋划了。好，现在我来给你放两个视频，看看他们这些君子腹中藏了什么。"

为了不破坏饭店的优雅恬静，他让我插上耳机来听音频。

第一个视频是 2011 年 10 月奥巴马在访问澳大利亚之前接受澳大利亚广播电视公司的采访。他在回答记者对中国的崛起有什么看法时说了这么一段让我吃惊的话："如果超过 10 亿的中国居民，现在过着澳大利亚和美国人一样的生活模式，那我们都将会陷入十分悲惨的情况，这个地球无法忍受。"接着他提出要中国领导人创建一种新模式，要遵守规则承担更多的责任。奥巴马还提到，现在中国人的平均生活水准和平均工业产值，仅相当于美国 1910 年的水平。

第二个视频的时间是 2011 年 11 月，美国国防部长帕内塔在康涅狄格州向一家制造攻击型潜水艇的造船厂员工发表演讲。他说："我们必须牢记着，我们正面对来自中国、印度及其他新兴国家的威胁，要确保我们在太平洋有足够的军事防御力量，以让他们了解到我们永远不会离开那里。"蹊跷，作为美国盟友的印度居然也成了美国的威胁！

"莫泊桑二世"的眼睛里飘忽着阵阵阴郁的雾霭，他对两个视频做了如下的解读：

一、第一个视频无可辩驳地证实，美国总统的"君子之腹"里确实装着 10 多亿中国人可能引起人类灭顶之灾的忧患。奥巴马向世界坦承，尽管现在中国人的生活水平只相当于美国的 1910 年，但是如果 10 多亿中国人崛起猛追美国人，"我们都将会陷入十分悲惨的情况，这个地球无法忍受"。——由此可见，总统和我这个小人物所见略同。

二、第二个视频——国防部长的讲话，更是意味深长。帕内塔不

264

是信口开河的糊涂人,他曾做过政绩斐然的中情局局长,非常精明严谨。可是他居然把民主制度的盟友印度也说成是美国的威胁,何故?潜台词是印度也是 10 多亿人并与中国一样在经济崛起。套奥巴马的话说,如果印度人想过澳大利亚和美国人的生活,"我们都将会陷入十分悲惨的情况,这个地球无法忍受"。——这是不是泄露了美国重返亚洲的"醉翁之意不在酒"吗?

三、怎么办?奥巴马绝对没有说要美国人、澳大利亚人、英国人下降生活水平、不再透支地球资源来共度维艰去拯救地球生态。不,绝不能。人的愉悦感、幸福感全来自欲望的满足度,而这个满足度只能加不能减。美国总统懂得他的天职是让美国人的享乐欲望做加法,倘若做减法一定会被赶下台。

四、奥巴马给多余人口国出了个无解的题,要求"中国领导人创建一种发展的新模式",不让人类灭顶。奥巴马心里很明白,中国领导、印度领导及世界各国的任何政治家,绝对创造不出新模式能让今天已经增加到 70 亿的人类共存共荣。

五、那么美国总统心底里藏着什么方略呢?国防部长帕内塔泄漏了一点天机:"确保我们在太平洋有足够的军事防御力量,以让他们(指中国、印度等新兴国家)了解到我们永远不会离开那里。"政治语言的最高境界是遮蔽与矫饰,说出来的不是心里想的。尽管帕内塔泄露了一点天机但仍然还有潜台词:因为亚洲有 40 多亿多余人口,现在近 30 亿正在崛起,要仿效美国高消耗已经匮乏的地球资源,所以美国的军队不能不来。

哇,这个"抑郁症"思想者,还真的把国际关系大权威米尔斯海默给弄翻了——起码在我这儿是这个效应。雅克实证了奥巴马与帕内塔已经在为"多余人口"的崛起而严重焦虑了。这样，雅克起码给了我解读这个诡谲世界的一个全新软件。米尔斯海默根据他的"大国的政治悲剧"推导出美国围堵崛起的中国是为了争霸；而雅克说"不"，那是因为美国政治家意识到巨大的中国人群的崛起会抢光美国人以及其他已经透支地球资源国家人再向上提升的有限资源，因而心知肚明地要联合起来强力遏制。因此"莫泊桑二世"讥讽中国人对美国人动之以情晓之以理地大谈什么"互利共赢"是表错了情！奥巴马说得再清楚不过："共赢即共亡。"

咳，我花了400多欧元在米其林三星级饭店吃顿法国大餐，就这样被雅克的"5.3魔鬼"给糟蹋了！

荒诞的猜想与荒唐的解题

我接到雅克的电话，说他住院了。我带了鲜花去看望他。见面时我不敢握他伸过来的手，因为他把最优雅的莫泊桑美髯剃掉我认不出来了！

雅克说："是医生要我剃的。莫泊桑的胡子确实是男人脸上最杰出的造型艺术，所以我克隆了。可是莫泊桑因为患抑郁症在43岁那年自己割断喉管自杀，医生觉得我蓄莫泊桑胡子会有暗示性诱导，这对我很危险，就让我——"他做了个刮胡子的手势。

他看了看旁边没有医护人员，神秘兮兮地给我一个小U盘。

他压低声音对我说，医生不让我再纠缠魔鬼方程。你带我的笔记本电脑到走廊那头的接待室去看吧，看完就回来。

我按他的指点在接待室开启了 U 盘里的文件。

第一个文件是《魔鬼方程猜想之一：软性清除多余人口》。

这篇文章论证了 11 亿发达国家隐形"联盟"（第二诺亚方舟联盟），不会发动战争清除 48 亿，因为在这 48 亿中，中国、印度、巴基斯坦，还有朝鲜都有核武器。一旦发动"大洪水"式的圣战，这些核武国家可能会用核武拼死一战。即使全部导弹都被拦截在这些国家的上空，大规模核弹的爆炸也一样会给全球带来谁也活不了的"核冬天"。君不见，掌握着最强大核武库的美国，其总统不是高调主张彻底消除核武器吗？雅克认为，"联盟"可能会运筹"软性清除战略"。一、重兵压向亚洲，营造"大国威胁论"氛围，离间亚洲各国内斗，引发军备竞赛，大规模消耗掉这些国家的经济资源。二、应用数字化新技术，隐形策动大国内部分裂，推动经济下滑。三、强化网络部队，制造被攻击的假消息作为借口而隐形进行网络战，高效地让对方经济陷入间歇性地瘫痪等等。他总结说，软性击垮多余人口国的经济有两个可乐见的衍生物：亚洲 40 多亿人口消耗地球资源会立即大幅度降低；严重经济下滑立即会衍生动乱、饥荒、疾病，产生人口大幅度自生自灭效应。雅克猜想，"联盟"的军事行动不是去攻击"多余人口国"，而是守住边疆，不让难民涌入。这，非常符合基督教圣训：上帝只助能自助者。

打开第二个文件时，雅克悄悄来到我的身边，我太专注，把我吓了一跳。他问我怎么样，我反问他读过约翰·米尔斯海默的《大国政治的悲剧》没有？他说不仅读过还发表过评论呢。他说米尔斯海默的

"进攻现实主义"国际关系理论有个时差问题。在"二战"以前他的理论可能适用，然而当中印等人口大国崛起并出现了 5.3 魔鬼方程后就失去诠释力了。我又问他研究美食的米其林成员怎么跨界到国际关系上来了？他的回答出乎我的意料："我学的就是国际关系专业，太困惑，我想摆脱跳槽到了米其林，结果还是甩不掉！"

他拿起鼠标点开了第二个文档《魔鬼方程猜想之二：中国人、印度人、印尼人等的可能选择》。文章还没有成型，只是列了四条提纲。

一、崛起的"多余人口国"，已经有一批贪官、不法商人带着巨额资金移民到美国、加拿大、澳大利亚等国，歪打正着，他们逃到了"第二诺亚方舟"。一旦这个群体大部分顿悟，他们将会如非洲草原上奔腾迁徙的牛羚，更加浩浩荡荡势不可挡。

二、那些力行娱乐至上主义者，正在实践奢靡极度的法国皇帝路易十五的名言："Après moi，le déluge！"（"在我死后，哪管它洪水滔天！"）他们将用及时行乐解构掉"5.3 魔鬼方程"。

三、对地球生态危机已经麻木的下层特大人群，甘当"温水煮青蛙效应"中的青蛙，听天由命，不愿为魔鬼方程操那些根本没用的心。

四、可能会出现另类人物，他们会把 5.3 魔鬼方程大声告诉全人类，把"第二诺亚方舟联盟"的可能性大声告诉全人类，喊出"要么同归于尽，要么绝处逢生"！他们相信，已经透支地球资源的国家会被"同归于尽"的威胁而被逼"放下屠刀立地成佛"。这时，全人类将可能无一例外地接受中国老子的清心寡欲的价值体系，制定出共同消费标准与共同节制人口等的国际法规。也许这样，控制人口的人类将在共同低消费中得以延续。

雅克问："如果你现在还在中国将选择哪一条？"

我说四条我都不选，只选科学救人类。

雅克自言自语念叨着"科学，科学，啊科学"，突然决定请我一起去看望他的一个住在同一医院里的同学。同学满身插着管子，呼吸、吃喝、排泄全靠人工。雅克告诉我，他同学患的是运动神经元病（肌萎缩侧索硬化）。他的同学曾用眨眼睛（因为其他肌肉都瘫痪了）选择字母组成的语句告诉他，不管怎样痛苦他都要坚持活下去，以等待发明特效药而得救。他几乎在悲悯："是的，也许医学以及所有科学在无限长的时间里创造能力是无限的，可是医生说我的同学至多只能再等上三个月，能保证在此期间发明特效药吗？"

雅克接着追问："2050 年前绝大多数矿产告罄，物种在加速灭绝……你不觉得我们当下的生态危机很像我这位患上运动神经元病朋友在等科学发明特效药一样可望而不可即吗？不过，如果上述第四条成功，逼透支地球资源的国家立地成佛，倒是能给科学新发明腾出足够的时间来，说不定会是你们中国人说的'柳暗花明又一村'呢。然而这个'如果'有可能吗？"

在离开医院时我真为雅克担心。所谓的"5.3"魔鬼，当下丝毫不影响他的生存质量，念兹在兹只会加重他的忧郁症病情，何苦来着？咳，只能借曹雪芹写《红楼梦》时的题诗来叹息了：

满纸荒唐言，一把辛酸泪。
都云作者痴，谁解其中味？

269

文明的西西弗斯坠落

零启／爱的割据／

1

我们常在作家、红学研究者梧桐家的小花园里赏花、品茗、饮酒、谈玄，戏称这里是"苏格拉底广场"。

这一次相聚只有梧桐、恒谊和我三个人。

在咖啡因激励下，我的意识流闪流到了我的好友——当代中国颇有知名度的一位哲学家朋友那里，想起他曾对我说过的一个"中国式学者焦虑"。他说，我弄了一辈子哲学，都在"究天人之际、通古今之变"地解析、传播别人的问题，如康德的问题，黑格尔的问题，海德格尔的问题，伽达默尔的问题，德里达的问题……几十年下来，著书立说，赢得学界点赞、社会抬举，似乎功成名就了。可是突然有一天早晨醒来跳出了一个惊骇的问题：我的"问题"是什么呢？没有自己的问题还能叫思想者吗？倘若是真，岂不"落了片白茫茫大地真干净"？

好一个"我的问题是什么"之问！

平日里我们这帮人好读书，爱想事，那么我们的问题又是什么呢？

不知道，真的不知道。套用苏格拉底的一句话说，我所知道的就是我一无所知。

那就只好放下不表继续焦虑去了。

接着往下是在酒精之翼上胡思、胡说。三人盘旋在"苏格拉底广场"上逍遥游起来。

嗨，是"无心插柳柳成荫"吗？今天运气不错，有点像欧洲大型强子对撞机那样，三人随机撞击，好像撞击出了"自己的问题"的一点点苗头来了：

为什么生命进化到有性繁殖之时要设计死亡程序？生命的延续只能靠再生，那么"死亡——再生"除了有生物学意义之外，是否还会破坏人类文明的累进式递升？如果是，那机理是什么？

2

生物考古学家从格陵兰岛的一块石头上发现生命发生的化学证据，认为生命大约在32亿年前就形成了。生命原创产品是单细胞生物。

它们靠自身不断呈几何级数式的分裂，进行无性繁殖。这种繁衍非常奇妙，不断分裂增殖的单细胞永远年轻，没有因自身逐渐衰老而死亡的问题。单细胞生物是永生的。倘若细胞有死亡，那是遭遇到了没有适应的恶劣环境所致。然而，究竟何时、何因、何种机理由无性繁殖进化出了让物种在寒武纪大爆发的有性繁殖？至今仍然是一个谜。

有性繁殖的每个生命个体，为什么不再永生而必须通过衰老机制自杀？

我们三个人你一句我一句地猜想。从进化图上看到，当生命进化到有性繁殖，就突然呈现大爆发景观。不仅是品种大爆发，而且因为各物种适应能力增强而造就数量的大爆发。然而，各物种的生存资源毕竟有限，如果像无性繁殖一样呈几何级数剧增还永生不死，那就会竭泽而渔而全部灭亡。于是，生命只好同时进化出让每个个体衰老死亡的机制。

不过要特别强调，其中关于有性繁殖比无性繁殖适应环境的能力大大增强的判断，可不是我们的瞎猜，确有生物学家的实证。2005年，权威的英国《自然》杂志，发表了新西兰奥克兰大学生物学院的马修·戈达德教授与英国帝国理工学院的同行们合作研究，他们成功地用基因改造后的酵母进行了无性繁殖与有性繁殖的比较实验。酵母是一种单细胞生物，它的繁殖方式有无性繁殖和有性繁殖两种。戈达德小组的科学家们利用基因修饰技术对酵母细胞进行改造，培养出了一种丧失有性繁殖能力、只能进行无性繁殖的酵母。实验发现，在生存压力不大的环境中，普通酵母和改造后的酵母生长速度相同。但如果提高温度、向培养基中加盐，使生存环境变得恶劣，便发现有性繁殖的酵母比无性繁的殖酵母生长得更快。研究者认为，有性繁殖酵母会更快地重组基因，帮助生物更快地适应新的环境。这是首次用实验证实，生命的性行为有益于适应不断变化的环境而赢得高生存概率。有性繁殖之所以能"更快地重组基因"，就是通过衰老死亡的快速换代，选择出较好的重组基因，以此来适应渐变或剧变的环境。此外，为防止高成活率的失衡，有性繁殖生命又通过衰老死亡机制来加以控制。没有个体的死亡，就没有群体的繁衍。

死亡，真乃是有性繁殖生命的最美妙、最天才的设计！

然而死亡，对于有性繁殖的人类而言，不再有"适者生存"的生物学意义了，反而弄得每个人为死亡忧心忡忡、悲悲切切。更糟糕的是，危言耸听一点说，"死亡——再生"机制会把人类建构成功的文明恶作剧地推到悬崖下面去！

3

人类，有了科学加技术，根本用不着像其他生物那样靠基因的随机变异去适应环境的变异了，而是用科技强迫环境来适应人的需求。科技还能够弄出洪水般丰富的物质来，完全不怕有性繁殖导致人口的剧增。即便人口出现失控，还有节制生育的多种成熟技术来应对，游刃有余。因此，死亡机制对人这个物种根本不是个好东西。

可是人人都得死。

人类种群好不容易通过各种偶然组合，孵化出像亚里士多德、老子、孔子、牛顿、爱因斯坦等比例极小的天才来，结果全都被死亡机

273

制给弄死了。不管你满腹经纶学富五车，一死就归零，留下一点代表作不过是"五车"中的极小部分。这对于人类文明的推进是多大的资源浪费啊，死亡机制是暴殄天物！

死是为了生。亲代死，必然要子代生，物种才能绵延不绝。然而，人类的亲代不能将自己获得的文明成果编辑进基因而在子代中传承下来。即使是天才的儿子，其文明学养、素养全都得从零开始，无一例外。我们把这个称为"零启（动）"。

没想到人类死亡的"归零"与新生的"零启"链接在一起运作，会让一个个辉煌的文明悬崖式地坠落。

先说两个历史记下的实例吧。

第一个实例是古希腊的迈锡尼文明。从公元前 20 世纪开始，希腊人开创了一个可圈可点的"迈锡尼文明"。他们发明了线性文字 B，有了纺织、冶金等相当规模的作坊，创造了造诣颇高的壁画与陶器，建造了卫城城堡、宫殿和规模宏大的圆顶墓。这个文明递增式地发展延续了 8 个世纪，到了公元前 12 世纪，被称为"海上民族"的腓力斯丁人打来了。迈锡尼文明顷刻跌落到了野蛮级的谷底——史称为"古希腊 500 年黑暗期"。

第二个实例是辉煌无比的古罗马文明。从公元前 9 世纪初在意大利半岛中部兴起，到公元 1 世纪前后就扩张成为横跨欧洲、亚洲、非洲的罗马大帝国。到公元 5 世纪，北方蛮族西哥特人攻陷西罗马帝国首都罗马，随后灭亡。据记载，当时的罗马是最恢宏、最精美的世界头号城市。城里有 45000 多所高大住宅、1800 座皇家宫殿和贵族别墅，还有用各色大理石砌成的宏大的神庙、大剧院、斗兽场、赛马场、浴场、马戏院、教堂等。城市内外环行着从数十公里外引来、供 150 万人用的堪称奇迹的供水系统。到处可见罗马人发明的宅邸花园，花园里面矗立着从希腊搬运过来的登峰造极的人体雕塑。然而，哥特入侵者面对这个辉煌的、应接不暇的高端文明却毫不钦羡和怜惜，一把大火烧了三天三夜，城市就在一片火海中变成满目的残垣断壁。让人匪夷所思的是，哥特领主们感兴趣的是拆除残垣上的石块，去建他的乡村城堡与简陋住宅。罗马人构建的通衢大道也全部毁于一旦，倒回到封闭的部落割据。罗马大帝国创立的繁华商业体系顷刻崩塌，人们又倒退到了物物交换的蒙昧时代。从此，欧洲坠入 1000 年的"中世纪黑暗期"之中。

两个文明断崖式的坠落，激发出一个"苏格拉底式"的追问。

无论迈锡尼文明还是古罗马文明，都是被较低等级文明的民族用武力打败的（在冷兵器时代这是常态）。试问征服者的目的是什么呢？不言而喻，是为了掠夺他人的文明成果，以能过"更上一层楼"的生活。按这个逻辑推理，那么征服者在面对已经占有的高端文明成果时，理应决策尽量维护并立即取而代之学会享用。可是恰恰相反，占领者享受的却是肆意毁灭高端文明成果的狂欢！

不约而同的是，在中国历史上也上演过完全相同的戏码。宋代把中国文明推到了巅峰。南宋的临安（杭州）也像当年的罗马城一样，是当时世界顶级的都城。蒙古军队毫不在乎地把宋代开创的中华文明之最丢弃在火海中。南宋的灭亡，以最后 10 万宋军拒不投降元军跟着左丞相陆秀夫背着小皇帝集体跳下崖山投海为句号。

为什么会有这等荒诞之举？

不妨到文明的定义中去辨析一番，这个荒诞似乎却又在情理之中。

文明，最简略的定义是，一个群体长期共同生存所习得的生活方式，其中包括价值观念、物质成就、组织制度、风俗习惯等等。每个文明群体中的个体，都在出生的"零启"状态下被家庭与群体输入该文明的全套生活方式，经年累月后就被固化成自然习惯与不证自明的价值标准。当腓力斯丁人军队、哥特人军队、蒙古人军队占有一个高数量级的文明时，不仅感到十分陌生，而且身临其中还有与已经被固化的生活模式相抵牾的难受感。因此，胜利者只抢掠属于他的低端文明价值标准所判定的好东西——黄金、珠宝、美女、建筑材料等，凡不知其用者，统统视为废物或敌人的会遭神谴的污秽之物而毁之。这样，低端文明摧毁高端文明就"顺乎天理、应乎人情"了。

这个有性繁殖所致的"零启效应"，在古代放之四海而皆准地把高端文明推下了悬崖，那么到了近现代失效了没有？

4

以哥伦布为标志的地理大发现时代，开启了欧洲西班牙、葡萄牙、英国、荷兰、法国等列强在全球进行的殖民占领。已经掌握了热兵器的殖民者，将数千年"野蛮人（游牧民族）打败文明人（农耕民族）"的历史来了个大翻转。处于较高文明等级的殖民军，轻而易举地打败了处于较低等级文明的美洲、亚洲、澳洲、非洲等地的原住民。

殖民者的目标很明确，起初是在霸占的领地上掠夺黄金、香料等国内的抢手货，接着是大量运回由工业革命所需的原材料。

　　有意味的是，所谓"高等文明"人，照样肆无忌惮地杀人灭族，并没有表现出何等文明，与过去蛮族占领后的滥杀别无二致。

　　此外，殖民者在破坏他者文明所为上也没有表现出何等文明。殖民者的傲慢与无知，对原住民的"低等级文明"不屑一顾、十分蔑视，因此肆意摧毁。不妨试举一例。在 16 世纪西班牙征服南美洲尤卡坦时期，当时就发现有很多珍贵的玛雅刻本，西班牙征服者及祭司们弃之如敝履，随手将其销毁。当时在犹加敦保存的所有玛雅文献，被迪亚哥·德·兰达 (Diego de Landa) 主教于 1562 年 7 月下令全面销毁。1540 年在危地马拉高原发现的文献中，记载了玛雅超过 800 年的历史，巴托洛梅·德拉斯·卡萨斯 (Bartolomé de las Casas) 在发现这些玛雅刻本时，正在被西班牙僧侣烧毁。上述这些文献，加上一些石刻及碑刻，都是玛雅文明最珍贵的书写纪录，均在主教和僧侣的蔑视眼光中灰飞烟灭。这就是说，发祥于公元前 10 世纪，在公元 9 世纪达到鼎盛期的堪称伟大的玛雅文明，尽管其在农业、天文、数学、艺术、建筑等方面均有原创的璀璨成就，却被西班牙殖民者推下悬崖而万劫不复。

　　细究殖民者把原住民文明推下悬崖，还是那个"零启"效应在作祟。他们每个人的"自我意识"，即在大脑中建构的世界模型以及在未来的行为法则，都是祖国的"零启"输入结果。当时的家庭、教会、学校对个人"零启输入"了以下的合成信息：基督教教义，文艺复兴到启蒙运动的人文价值，工业革命的科技知识，被族群固化了的生活习俗。当他们秉持着这样的自我意识接触到还在农耕文明甚至在石器时代的原住民时，立即会理所当然地把"敌人"的野蛮文化遗存当作垃圾而扫除。这要等到20世纪兴起了"文化人类学",加入到了每个人的"零启"输入系统(学校的文化人类学教育,或者是大众传媒的科普教育),才会恍然大悟,他们父辈们所扫除的原来是弥足珍贵的古代伟大文明的活化石!

5

人类的人文素质会越来越趋向文明高端吗?

20世纪上半叶发生了空前野蛮与残酷的第一次世界大战和第二次世界大战。若从交战国的文明身份来看,恰恰是当时处于顶级文明等级国家间的相互毁灭。转瞬间,把热闹了200多年的"历史进步论"变成了梦呓。

在古希腊文明中,是一种以"金、银、铜、铁"时代为标志的循环周期论。其背景是古希腊的秩序神学。换言之,希腊人对人世变迁并不持有一种线性发展观念,而是相信周期性的自然变化法则,没有历史进步论。再看东方中国,400多个皇帝年复一年只求"国泰民安,永保社稷",也没有时间轴上的历史进步之说。然而,西方在与古希腊相隔1000年后,原创出了线性的"历史进步论"。1756年,法国启蒙运动的精神领袖之一伏尔泰发表《论诸民族的道德和精神,以及论历史形成的法则》,首次以史书形式展露了"进步论"的信仰。1795年,法国启蒙运动"擎炬人"孔多塞(Marquis de Condorcet),在法国大革命的疾风暴雨中仓促完成的《人类精神进步史表纲要》出版，史称是"历史进步论"信仰的纲领性文献。这个理论认为历史是呈线性上升的，一直到至善。

因为这个信仰的盛行，在"一战"之前的西方知识精英们很是亢奋，高唱起"历史进步论"的"大风歌"：200年来的工业革命造就物质文明空前繁荣；由伽利略和牛顿开创的数学加实验的自然科学的进步日新月异；从英国的光荣革命到法国大革命再到美国革命，建立起了一套终结王权专制的民主宪政制度；理性成为人类的唯一信仰，人类的文明在日新月异地步步高升。

然而，第一次世界大战无厘头爆发了。1000多万人丧生、2000多万人受伤、祸及75%的人类生存，战争的动因居然是列强之间的称雄与殖民地的争夺。这怎么是历史向至善进步呢？

相隔20多年的第二次世界大战又爆发了。死伤得更惨烈：5500万到6000万人死亡，1.3亿人受伤，合计死伤1.9亿人，80%的人类卷入了战火。起因是德国报复"一战"的战胜国对其过于苛刻的惩罚。这个机缘把主张民粹主义的希特勒选上了台。希特勒进而打出了种族主义的旗号，声称德国人是雅利安人的纯种，是人类最优秀的民族，要到世界去清洗劣等种族。他们声称首先消灭了600万属于劣等人种的犹太人，接着要到世界去改造其他人种。无独有偶，东方的日本紧随其后，发动所谓的"大东亚圣战"，其高扬的理由是：最优秀的天照大神之子——大和民族，要为亚洲构建"大东亚共荣圈"。

曾经出过那么多杰出思想家的高度理性的德意志民族，突然魔变为最血腥野蛮的族群，哪里有什么线性的历史进步论？

回顾到这里，令人惊诧而迷茫。文明中的科学与技术部分，即物质文明部分，不管人类厮杀得如何惨烈，确实是在线性上升。诚如黑格尔说，"恶是历史前进的杠杆"，两次大战越打科技越先进。然而，文明中属于精神价值的那部分，即所谓的人文部分却是一打就坠落进了地狱。几千年的历史昭示，无论是落后文明征服先进文明或先进文明殖民落后文明，还是高端文明国之间的拼杀，都是人文精神断崖式地坠落。上升——坠落——上升……这个非线性轨迹，就像古希腊神话里的西西弗斯推巨石上山，上推——滚下——上推……呜呼，200多年来作为显学的孔多塞的"历史进步论"，就这样被沮丧地证伪了。

追问个中的奥秘到底是什么？

还原到人文价值的原点去找找解码。人文价值最核心的价值，天经地义是人与人之间的爱。爱是群体有效合作与和谐生存的根基。凡宗教，都在高扬人类之爱。几千年来的伦理学，也都是以"仁者爱人"作为理论基础的。可是，人类从来又都是以小群体的组织形式而存在的，先是部落，接着是城邦，然后到民族国家。那么，争取与维护部落或城邦或国家的共同利益，也就成了另一个天经地义的人文准则。君不见美国总统都理直气壮地向世界宣布其职责就是为了争取美国利益、美国优先？君不闻邓小平深情宣称"我是中国人民的儿子"，而不会说"我是世界人民的儿子"？在全世界，"爱国主义"至今公认为是一个神圣的"褒义词"。如此这般，爱的范围就被天经地义地分割了。非我族类可以不施与爱；倘若非我族类与我族利益发生冲突，那就成了非爱之敌。这两个天经地义的原则（抽象的人类博爱与具体的族群分割之爱），被"死亡（归零）——再生（零启）"效应一代接一代地传承并固化下来。这就是在地球生命中绝无仅有的、人类几百万年来在同物种之间相互杀戮不绝的机制。连高扬博爱的宗教也不例外地

黑格尔："恶是历史前进的杠杆。"
文明中的科学与技术部分，即物质文明部
分，不管人类厮杀得如何惨烈，确实是在
线性上升。

零启 / 爱的割据 /
文明的西西弗斯坠落

上升——坠落——上升⋯⋯这个非线性轨

迹，就像古希腊神话里的西西弗斯推巨石

上山，上推——滚下——上推⋯⋯

零启／爱的割据／

文明的西西弗斯坠落

为争夺教派利益而相互间残酷杀戮。因此，在人文之爱没有真正扩展到整个人类之前，根本就不会有人文的"历史进步论"之论，只会是西西弗斯的上升与坠落。

6

1970 年发生了一桩被世界激越点赞的事。时任联邦德国总理勃兰特访问波兰，他在华沙犹太人遇难纪念碑前献花时突然当众跪了下来。世界舆论铺天盖地地盛赞："这是欧洲 1000 多年来的谢罪第一跪！勃兰特跪下去，德国人站起来！"勃兰特在 1971 年荣获了诺贝尔和平奖。

勃兰特为什么要谢罪下跪？他在希特勒施行暴政期间被迫流亡国外，一直战斗在反法西斯最前沿。他不是罪人，而是守护人类良知的斗士。他的跪，是要德国人永远记住曾经犯下的罪孽，不再卷土重来，不要再"滚到山底"。

但，勃兰特这一跪，真的就能让"德国人（永远）站起来"吗？不。即便勃兰特以及他的同代德国人全都在废墟上痛悟了，全都与法西斯价值决裂了，可是他们仍会死去"归零"。"再生（零启）"的后代是完全不确定的，仍然可能在国家遇到某种困境时再度被神圣化的"爱国主义"感召，承接希特勒价值而让纳粹再度复活。

怎么办？

德国人筑了两道"防火墙"。一是完成了《反纳粹和反刑事犯罪法》

立法。该法规定：凡喊纳粹口号、打纳粹旗帜和佩戴纳粹标志均属违法，要给予刑事处罚；反犹太行为同属非法；为"二战"的侵略行径翻案均是犯法。由此延伸，所有公共媒体传达的信息也受该法规范，没有超越的言论自由。这就保证了社会环境没有对"零启"后生代的精神污染。第二道防火墙更为重要，在教科书中严格禁止有为法西斯辩护的信息，只有对纳粹犯下的反人类罪行的揭露。后生代的"零启"输入，主要是教科书内容的传输以及家庭父母的家训。教科书这道防火墙是防止民族精神坠落的根本机制。

因此，德国人真的站起来了。

对照曾与希特勒并肩作战过的日本，已经再生（零启）了三代人，其文明境界如何？勃兰特在受害者纪念碑前千古一跪，而几任日本首相却在靖国神社中供奉的甲级害人者的神位前下跪。那里没有任何法律条文禁止。特别是在零启传输中起决定作用的日本教科书中，右翼执政者不断地在增加对那场战争的掩饰、辩解、粉饰的内容。公共传媒、博物馆等是"零启"者的信息环境，现在很多却在悲情地叙述日本人是那场战争的最大受害者（撇开了前提对东京大轰炸以及广岛长崎遭原子弹毁灭的叙事）。偷袭珍珠港的神风突击队员通过动画片被塑造成了日本少年心目中的民族英雄。据统计，现在有 70%—80% 的国民认同右翼不认罪的立场。

因此过去了 70 多年的日本人，没能像德国人那样站起来。

举一反三，俄罗斯出版了一部正本清源书写极权主义苏联历史的《二十世纪俄国史》。据悉，此书的写作是普京提议的。原希望由《古拉格群岛》的作者索尔仁尼琴来完成这一大业，但索尔仁尼琴年事已高，于是他推荐了著名历史学家、现任俄罗斯东正教大学宗教研究室主任——

1970 年，时任联邦德国总理勃兰特访问波
兰，他在华沙犹太人遇难纪念碑前献花时
突然当众跪了下来，令世界哗然。

零启 / 爱的割据 /
文明的西西弗斯坠落

祖波夫来执笔。普京的秘书苏尔科夫邀请祖波夫等人到克里姆林宫讨论并确立了写作计划。这本书已经进入俄罗斯教科书系列。从此俄国的青少年在这个方面的"零启"输入，不再是满纸谎言与正谬颠倒的价值判断了。

7

生命的有性繁殖无奈地设计出了死亡（归零）与再生（零启）程序。

在人间：人类和谐协力相聚，天经地义地靠人类博爱；但在人类千古分群而生的现实中，爱又天经地义地被割据而用：这两个"天经地义"构成了一个悖论。这个悖论放置在人的"死亡——零启"机制下运行，价值文明就成了千古的西西弗斯推石。

现在世界各大国都在高歌"强国梦"，即天经地义地加剧爱的国家式割据，那么请问，国强以后干什么？

"春花秋月何时了？"

看来只有等到全人类的博爱真正实现的那一天了，就像《圣经》中说的等待弥赛亚的到来一样。等待，等待，会不会是爱尔兰荒诞派剧作家塞缪尔·贝克特的《等待戈多》呢？

人文学科的自杀和复活

中国古代诗论云"情乃诗之胚"；我这篇枯涩的文字是"惑乃文之胚"。

作为巴黎《欧洲日报》专栏作家与文化记者的我，曾在巴黎采访过许多人文学科的讨论会。我感觉，所有人文的讨论会，和自然科学的学术会议迥然不同，相当尴尬又无奈：人文学者们宣读完论文后，常常会冷场，论辩很难得展开。

原因既清晰但又让人惊愕：因为每篇论文的基本概念都理不清，理还乱。举个例子吧。哈佛大学教授、当代新儒学代表人物杜维明来巴黎宣讲"文化中国"，仅"文化"这个概念当下就有几百个定义在被使用。若要展开讨论，论辩者可以各自依据某个定义各说各话，无须偷换概念，就能在同一个概念下进行违反逻辑学同一律的诡辩。如果要让大家都集中到杜维明教授所下的文化定义上来讨论，马上就会对杜教授的定义的无法确定而展开无休止无结果的争辩。因为，在人文学科所使用的自然语言符号体系中，根本就不可能下一个外延和内涵均确定的概念定义。

根据信息论，所谓信息就是对不确定的消除。数学家兼哲学家罗素在他的《西方哲学史》（上册，第 11 页）中说"一切确切的知识都属于科学"，反之亦然，不确切的就是非科学。那么，人文学科的学术讨论会，不可能消除不确定，岂不成了没有信息量的非科学的饶舌？

千古以追求发现真理为崇高目标的人文学科，被说成是"没有信息量"的论述，这太危言耸听了吧？

本文就来慢慢解析这个耸听的危言。

哲学的自杀

世上最大的动物鲸鱼会自杀；人文学科中最博大的哲学，居然也会自杀。

被誉为当代哲学天才的维特根斯坦，在他的影响整个思想界的名著《逻辑哲学论》的结尾处写道："哲学的正确方法，就是等别人发表形而上学的言论，然后向他表明那是胡说。"

传统哲学认为，哲学研究的是思维对存在、精神对物质的关系问题，是对于整个世界（自然界、社会和思维）的根本观点和体系，是

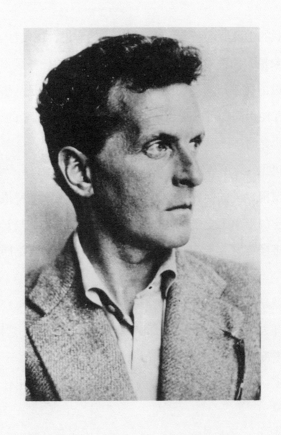

维特根斯坦："哲学的正确方法，就是等
别人发表形而上学的言论，然后向他表明
那是胡说。"

人文学科的自杀和复活

关于世界观的学说。这，当然就是形而上的学说。现代哲学则界定称：哲学的对象是人们许多信念的前提假设，哲学的任务是不断地向人们信念的假设前提进行质疑和挑战；所谓哲学家，就是从事这种质疑和挑战活动并使用同样可以受到别人批评检验的合理方法的人[1]。无疑，现代哲学研究的还是形而上命题。

由此可见，无论传统还是现代哲学，其功夫全在做"形而上"（即解释经验范围以外的问题）。这倒好，权威哲学家维特根斯坦自己出来宣布哲学的形而上全是胡说，那不就是哲学的自杀吗？那不是自废武功吗？难怪英国人把这惊世骇俗的维特根斯坦的结论叫作"奥康剃刀"[2]！

哲学就是用这把"奥康剃刀"自杀的。

引申开去，其实所有人文学科都是弄"形而上"的。这样一来，"奥康剃刀"连带把整个人文学科都给杀掉了。

以罗素、维特根斯坦为先导的逻辑实证主义，是用什么理由让哲学自杀的呢？

逻辑实证主义维也纳学派认为，任何论述，只要不合规范（即不以逻辑和数学的规范陈述），或不能以经验相检验，就毫无意义。他们首先继承19世纪物理学家和科学哲学家恩斯特·马赫提出的观点：既然我们是通过自己的感觉获得有关科学事实的知识的，那么科学必须成为感觉的描述。接着拿爱因斯坦的相对论和新的量子理论的成就来证明他们的"能检验才有意义"的理论。爱因斯坦的相对论说明：

---

1 布莱恩·麦基：《思想家——当代哲学的创造者们》，第2—4页，生活·读书·新知三联书店1992年版。
2 奥康，文艺复兴时期的哲学家，他提出要对以往一切理论传统进行反省。他这个论点被人称为"奥康剃刀"。

除非你考虑如何验证关于同时性的论述，你就不能赋予诸如同时性这样的概念以意义；也就是说，谈论事件发生在同一时间的意义，取决于同时性是如何在观察中被实际确立的。量子理论也是这样。在量子论中，并未给予粒子同时具有精确的速度和准确的位置的概念以任何意义，因为根据海森堡的"测不准原理"，测量速度会影响位置，测量位置则会影响速度，无法加以验证。他们由此断定，有意义的论述只有两种。一种是关于世界的经验性论述，他们的意义在于能被验证。另一种是数学或逻辑陈述，此种论述纯系自我验证，正确者是同义反复，错误者则自相矛盾。如果一个论述不属于上述两种类型，则该论述毫无意义。这样，他们给了哲学、宗教和所有人文学科一条"无意义论述"的绳子，让他们集体去上吊。然而当哲学上吊得奄奄一息时，他们却又松开了绳子，要哲学换一种活法，说："哲学的任务变了，去当自然科学的侍从，用现代逻辑分析的方法去澄清科学所使用的概念，以及区分科学论证的方法是否合理等等。"他们认为科学做的是关于世界的论述，那是一级主题，哲学只能做二级主题——论述科学关于世界的论述。用吉尔伯特·赖尔的话说，哲学是"关于论述的论述"。

弄了几千年的属于最高智慧的哲学，现在竟说不清道不明它为何物了！看，《大不列颠百科全书》中，干脆连"哲学"的条目都删除了。

依我看，哲学的"自杀"，不仅是因为它的命题不可验证，还有比这更糟糕的、先天性的沉疴呢。

哲学和所有人文学科，使用的符号体系是自然语言（日常语言）。我曾写过一篇题为《（自然语言的）概念在过饱症中胀死》的散文[1]，

1 祖慰：《面壁笑人类》，第 59 页，台湾三民书局 1994 年版。

描绘了自然语言的概念，因为不愿意造太多的新词（概念），就在旧瓶里不断装新酒，即不断地对老概念进行新的界定，多少万年积累下来，大部分概念的定义就不是一个，而是几十、几百个，于是"胀死"了。譬如"自由"这个概念，在古罗马时，其定义是"自由乃是从被束缚、被虐待中解脱出来"。到了19世纪，研究人类自由史的英国艾克顿（Lord Acton）勋爵，就收集到了两百多个关于"自由"的定义。何止是"自由"一个概念？像"美""文化""精神""爱情""思维"……不胜枚举的自然语言概念，全因为定义太多而"胀死"。为何说"胀死"呢？定义越多，外延就越大。按照逻辑学，外延越大，内涵就越小，当外延趋向于无限大，例如像中国的"道"，外延大到了无所不包、无所不在的地步，其内涵就趋向于零，概念就"胀死"了。凡放之四海而皆准的话一定是内涵等于零的废话。所有概念，世代人们往里塞进去了各种风马牛不相及的内涵，甚至是相互抵牾的内涵，使得概念充满着歧义。今天若要进行诡辩，根本用不着像古希腊诡辩家那样去偷换概念，完全可以在使用同一概念下利用歧义而违反同一律进行诡辩。最有趣的例子是，当下国际关于"人权"的对话，都是各国依凭各自的定义，在同一概念下进行着"义正词严"的违反同一律的诡辩。

凡正确的逻辑推理和论证，必须在所有概念没有歧义的前提下才能进行。标志人文学术水准的所谓的合乎逻辑的"学理性"，因为其日常语言符号体系中概念的内涵与外延无法确定的先天性缺陷，而被连根拔掉了。

不灵的药方：人工语言

自然科学的符号体系都是人工的、数学化的，每个概念都有消除了歧义的定义。在这样条件下的逻辑操作才是有意义的。

逻辑实证主义的哲学家们，他们中的多数是"两栖型"的学者——既是自然科学家，又是哲学家。如，罗素是数学家，维特根斯坦是数理逻辑学家，石里克是物理学家，卡尔纳普是数理逻辑学家，很自然会把数理逻辑那套方法论引申到人文学科中来。他们试图给哲学等换一套"人工语言"，以用来治疗自然语言的先天性歧义之病。经过他们几代人的工作，还真形成了一个"人工语言学派"。

其成效如何呢？

《西方文化百科》[1]一书对此介绍如下：

人工语言学派是分析哲学中的一个派别。这一派认为，日常语言是模糊不清的，因此主张借助数理逻辑的符号体系造出一个理想的人工语言。最早提出这一主张的是弗雷格。罗素和怀特海在《数学原理》一书中，实际构造了这样一个人工语言系统。前期的维特根斯坦和维也纳学派的成员们，也持这一观点，特别是卡尔纳普做了大量的工作。

---

1 孙鼎国主编：《西方文化百科》，第 102 页，吉林人民出版社 1991 年版。

他设想过两套具体方案。一套是"现象主义的语言理论"，注重个人的直接经验，注重对经验和现象的直接描述。但它解决不了一些自然科学理论性概念无法直接观察的问题和个人经验缺乏的公共性问题。于是他又提出第二套"物理主义的语言理论"。主张证实一个科学命题的唯一方法就是把它翻译成物理语言。凡是不能翻译成物理语言的命题都是没有意义的。物理语言指的是以观察为根据并描述时间空间状态的语言。这种语言的最大好处是具有公共可观察性，即用这种语言描述的事件，在原则上可以被所有人共同观察到。他们提出用物理语言统一全部科学的口号。但是，物理主义语言遇到了不可克服的困难，尤其是对于思想、精神、观察不到肉体变化的感知觉、心理现象的研究，都使它无能为力。

"人工语言"的设计终于以失败告终了，没能为哲学和所有人文学科的符号歧义病找到仙丹灵药。

可能有些人文学家很不以为然，嗤之以鼻，称他们早就有了解决概念歧义的法门。在立论之首，他们就对自己使用的概念进行了精确的界定，从混沌的日常语言概念中独立了出来。在这个外延和内涵都确定了的概念体系下，所进行的合乎逻辑规则的推理，当然就能得到具有学理性的真理。

不，人文学者根本不可能打开这个法门，是空想。

人文学者在界定自己的概念时，必然要应用混沌的日常语言中的"类概念"和"种概念"。例如，黑格尔给"自由"下的定义是"主观意志和客观规范合二而一"，他使用的日常语言中的种概念是"主观意志"和"客观规范"，使用的类概念是"合二而一"。无论种概念"主观意志"与"客观规范"，还是类概念"合二而一"，在日常语言中又都有着上百个以上的定义，充满歧义，这又得再给它们下定义。可是在对它们进行定义时，又必须在日常语言中选择相关的种概念和类概念，而这些种概念和类概念又充满歧义……这样无限循环下去，完全是一个没有尽头和毫无结果的界定过程。因此，人文学者大言要对自己使用的概念做到"无歧义的界定"，那是一个自欺不欺人的"乌托邦"。

人文学科还有三个不可能具有确定性的"宿命"

学问之初，无论中外，人文学科和自然科学是混在一起的。

在人类语言的语词上把哲学家和自然科学家分开是 19 世纪才发生的事。1833 年，在英国剑桥大学召开的英国科学促进会上，著名的科学史家威廉·休厄尔才仿照"艺术家"（Artist）一词，造了个"科学家"（Scientist），用来称呼像法拉第那样在实验室中探索自然奥秘的人们。在这之前，像伽利略、牛顿等历代研究自然的人都称为自然哲学家。牛顿在 1687 年出版的纯属自然科学的力学巨著，其书名就叫《自然哲学的数学原理》。直到 1809 年进化论的先驱马克出版的生物学代表作，还叫《动物哲学》，人文学科和自然科学到此时还是个"连体儿"。

人类怎么会弄出个哲学和科学来的呢？古希腊亚里士多德在他的《形而上学》篇中解释道："当今人们开始从事哲理的思考和探求，

都是由于惊异。他们最初从明显的疑难感到惊异，便逐步进入到那些重大问题上的疑难，例如关于日月星辰的现象和宇宙创生的问题。感到困惑和惊异的人想到自己无知，为了摆脱无知，他们就致力于思考，因此，他们这样做显然是为了求知和追求学术，而不是为了任何实用的目的。"在亚里士多德看来，人有天赋的好奇心，有强烈的给自己产生惊异的对象的解释欲望，无论是人文学科还是自然科学，在开始都是受好奇心驱使的，以求得一个没有实用目的的满意解释。

人们对日月星辰等天体现象的惊异，对控制个体行为的风俗习惯的惊异，起初都是用宗教和神话来诠释的。世界上所有的宗教，都诠释由神来创世造物，由神来为人类制定道德秩序。在西方，自古希腊人发明了逻辑之后，他们率先用人的合乎逻辑的思维——自然哲学——去解释人的惊异。

当然，自然科学中的欧几里得几何学，阿基米德的杠杆原理和浮力定理都在开始时就被实用了，这就是科学史上的所谓"工匠传统"。但是，它们还是离不了所谓"哲学传统"。一直到17世纪的笛卡儿，将自然科学数学化，用数学演绎的符号体系代替日常语言的推理体系，才获得了定量的精确性。后来，牛顿继承伽利略倡导的实验加数学的方法，提出实验归纳和数学演绎的方法，于是开启了现代科学，使得自然科学从自然哲学中逐步独立出来，成为主要是为了征服自然的有实用目的的科学。

当现代自然科学出现之后，哲学等人文学科，就剩下解释人的精神领域的"形而上"地盘了。

用数学加实验的自然科学，具有可重复性、可预测性的准确性。它在人类物质生产中不断创造奇迹的事实，尤其是产生了工业革命的辉煌成果，使得人文学科的古典光辉——柏拉图所说的哲学家为王的光辉——黯淡下来。这样，一种模仿自然科学方法论的"泛数学主义"流行开来。这个人文新潮流认为，数学不仅统领整个自然科学，还要统领整个人文学科和社会科学。德国当代哲学家、思想史家卡西勒（Ernst Cassirer）在《人文科学的逻辑》一书中举例证明了这种"泛数学主义"的存在："格劳秀斯所制定的现代自然法（Naturrecht），就是建立在法律知识与数学知识之间存在着的一项彻底的类比之上的；而斯宾诺莎则建造了一个崭新的伦理学，这一伦理学以几何作为其取法的典范，并且借着几何的典范去描绘出其目标与途径。……因为只有如此，数学性思维之网，才能以用同样的方式去把物体世界与心灵世界、自然的存在和历史的存在予以全部笼罩。"[1]

卡西勒接着就指出，对于这种在人文学科中应用的类比式的泛数学主义，18 世纪的意大利思想家维科（Giovanni Battista Vico）就开始说"不"了。

人文学科是在价值和意义上做功夫的，价值和意义怎么能用数学方程式表达呢？

这便是人文学科不可能获得像自然科学那样准确的宿命之一。

之二是，人文学科更不可能做到像自然科学那样的实验和观察实证。自然科学的对象是物质世界，具有性质上的恒常性与法则上的恒常性，因此可以通过可重复的实验或观察，去验证由逻辑推出的和用数学表达的理论。我们称这种实验验证为"自然科学理论的实验自洽"。人文科学的对象——广义的人文学科一般指对社会现象和文化艺术的

---

1 卡西勒：《人文科学的逻辑》第 12 页，台湾联经出版事业公司 1986 年版。

研究，在西方，通常认为包括语言、哲学、历史、文学和其他艺术的研究等——大凡是不可重复的有生命的"个别"，根本不可能进行可重复的实验，宿命地没有保证命题有可靠的"实验的自洽性"。

之三是，人文学科没有自然科学体系里的"公理自洽"。在欧几里得的几何学中，理论前面就有被我们千万次经验不证自明的 5 条公理。凡根据公理按逻辑推出的所有定理都是正确可靠的。我把它称之为"公理自洽"。可是，所有人文科学，只有理论前的假设，如老子的"道"，黑格尔的"绝对理念"，萨特的"存在"等，这些假设都不是不证自明的公理，因此就不能保证从理论前的假设所逻辑推导出的各种命题的可靠正确。人文学科宿命地不具备"公理自洽"性。

一言以蔽之，由于不可能将充满歧义的日常语言改变成没有歧义的数学符号体系，由于没有自然科学式的理论前的"公理自洽"或理论后的"实验自洽"，人文学科宿命地就不可能具有自然科学那样可验证的确定性。所谓人文学科的"逻辑上的学理性"，不过是个不能保证理论确定性的"花架子"而已。

马克思经过可谓严谨的逻辑推理，声称发明了科学的共产主义理论，对资本主义的崩溃进行了预测，对如何实现共产主义进行了设计。然而，经过近一个世纪的国际性实践，还是像柏拉图逻辑推理出来的"理想国"一样，是个乌托邦。在冷战期间，西方国家有多少苏联和东欧问题的研究所，有多少关于这方面的专家，可是，没有一个研究所和一位专家对 1989 年开始的东欧及苏联的共产主义制度解体做出预测。

即使是以日常语言为符号体系的社会科学，譬如热门的经济学，也是与人文学科一样有着三个"宿命"的。世界上没有一位研究亚洲经济的经济学家，在 1997 年对正在兴旺发达〔为此，李光耀在大声疾呼要以"亚洲（威权）价值"取代西方民主价值] 而突然爆发的东南亚国家货币危机，提出任何预警报告。同理，美国以及全球那么多获得诺贝尔经济学奖金的经济学家，没有一位能对2008年在美国发生的次贷经济危机做出预测。

然而有趣的是，柏林墙倒了之后，成千上万个国际政治学者马上站出来用"逻辑严谨"的学术语言给世人解释柏林墙为什么会倒；在亚洲国家货币危机与美国次贷经济危机发生之后，立即就有成千上万个经济学家"科学地"证明发生的机理是什么。

上述这些例子，不是证明人文学者、社会学者智能低下而无为，而是证明这类以日常语言为符号体系的学科，因为其先天缺陷，不可能有准确预测之为。

中国的人文学科是怎么做的？

卡尔·雅斯贝尔斯（Karl Jaspers）在《智慧之路》中提出一个人类文化的"轴心时代"的观点，他认为在公元前800年到公元前200年的600年中，出现了希腊的毕达哥拉斯、德莫克利特、柏拉图、亚里士多德，印度的释迦牟尼，中国的老子、孔子等一大批哲人，他们排除了人类神秘的"原始思维"对宇宙的神话解释，开始用理性思维对自然、社会和人进行审视和沉思。[1]

可是，虽然中国古代的思想家们与古希腊思想家们同在"人类文化轴心时代"之中，但因为没有能发明亚里士多德的逻辑的最核心部分——三段论证法[2]，因而他们做人文理论的方法与古希腊思想家的逻辑论证方法是截然不同的。

从春秋战国的老子、孔子开始，直到清朝的王夫之、戴震，2000多年的中国人文学科都没有进入逻辑操作。他们的方法是在自己极其丰富广博的人生阅历基础上进行宁静了悟，待获得解释人文对象的超常心得时，不懂得使用逻辑论文文体阐述，而是用"随感散文"文体表达出来。

约公元前6世纪的老子，是中国有史记载的第一位思想家。他的五千言《道德经》开创了道家学派。他在《道德经》中介绍了做学问的方法："不出于户，以知天下，不窥于牖，以知天道。"（第四十七章）不出门、不望窗外就能知天下、知天道，当然是自己静心了悟而得的了。比老子小20多岁的创立儒家学派的孔子，他也是主张"仁者静"（《论语·雍也篇》）、"学而不思则罔，思而不学则殆"（《论语·为政篇》）：合起来就是静思。这种静思的方法，在他的学生曾子那里，表现为"吾日三省吾身"（《论语·学而篇》）。这一天三次反省，当然不是逻辑推理，而是沉思感悟。

老子、孔子开创的以"静心了悟"的方法来做人文学问的规范，就此传之千秋。庄子提倡的达到最高的"真人"境界的"坐忘"（《大

---

1 《现代思想史学派文选》第39页。
2 据中国学者金观涛的研究，中国以研究逻辑著名的墨子，没有发现形式逻辑最核心的原则——亚里士多德的三段论证法。金观涛、刘青峰著：《探索与新知》，第285页，台湾风云时代出版社出版。

宗师》）方法，相当于一面做气功，一面颖悟得道。荀子总结出以"虚一而静"（《解弊》）的思维方法达到"大清明"的彻悟，就是要虚心、专一、清静。把儒学神化的董仲舒，他那套"天人感应"的神秘主义理论——"名教"，是怎么弄出来的呢？他自己没有说，宋代史学家司马光用诗为他总结出来了："吾爱董仲舒，穷经守独幽。所居虽有园，三年不游目。邪说远去耳，圣言饱满腹。发策登汉庭，百家始消服。"（《司马文公文集·读书堂》）由此可见，董仲舒也是"守独幽"3年才得到的大悟。儒学第二里程碑"理学体系"的集大成者朱熹，他的"格物致知"的方法，便是"今日格一物，明日格一物"（《朱子语类》卷15），格物穷理多了，忽然在某一天融会贯通而达到大彻大悟。这个"格物"，就是对着万物冥想，把心里本来就存有的"理"给激活，达到顿悟。悟出"心外无物""满街都是圣人"、完成儒家"心学体系"建构的王阳明，就是在他35岁那年，被贬到贵州龙场，日夜端坐，静思默想，忽然在一天夜里大悟："圣人之道，吾性自足。"这便是中国思想史上的"龙场得道"的佳话（《王文成公全书》卷32。《年谱》），被称为中国近代民主主义思想启蒙者（著有可和卢梭《民约论》相媲美而比卢梭早100多年的《明夷待访录》）、写出中国第一部学术史巨著《明儒学案》《宋元学案》的明末清初的大思想家黄宗羲，是在他参加8年抗清的浴血战斗失败之后，经40年静心感悟造就的思想硕果（黄玺炳《黄梨洲先生年谱》）。清代另一位中国古代思想集大成者、提出"太虚一实"、用太虚之气解释宇宙的王船山，在36岁那年，先是隐姓埋名躲到深山的苗族和瑶族的山洞里，后来隐居衡阳莲花峰和石船山下，"晨夕杜门，静心思索，开始了三十余年的著作生涯"（《十大思想家》第196—197页）。他的800多万字的《船山遗书》，全来自一个和老子、孔子一样的"静悟"。

由此可见，2000多年的时间跨度，无论是儒道佛哪个学派，中国思想家治人文学科的方法全没有进入逻辑，而是一个"悟"字了得！

正是因为思想成果是颖悟之果，选择的文体就完全不同于西方的逻辑论述，而是非常自由的诗性散文文体。老子用的是散文诗，孔子用的是散文式的语录。这和柏拉图的对话体是决然不同的，柏拉图的《理想国》虽然也是师生间的对话，但是每位发表的论证都是按逻辑方式进行的，《论语》中的孔子和学生的对话，都是说自己的感悟（结论），不加任何逻辑论证。庄子的文体是散文式的寓言。以后的历代思想家的文体，都是这种诗性散文文体。

中国传统的人文学科，其形而上的道（理念）和形而下的器（文体）是十分匹配的。

中国古代哲人没有发明逻辑，只能用感悟来做人文学问，反倒歪打正着。因为，人文学科用日常语言作为符号体系，没法消除概念的歧义性，根本不能满足进入逻辑推理的条件，只能用静悟之法。相反，西方人文学科历代所用的逻辑操作，反倒是假冒的学理性，是一种自欺欺人的方法论。

然而，在"西学东渐"之后，中国这套非逻辑体系治人文之学的方法和文体逐渐消亡了，应运而生的是学习西方的逻辑加实证的方法来做人文：这不是自杀，而是被他杀。

人文学科千年不灭之谜

既然人文学科不可能提供像自然科学那样确定的理论去设计未来，连所有的预测都是没有逻辑依据的瞎猜，那么人文学科还有什么用？为什么几千年来人文学科没有消亡？

因为，人文学科有着自然科学无法替代的两大功能。

第一，解释精神领域的疑问。

人类有一种"精神本能"，即对世界和自身不断地提问、追问，力求得到自圆其说的解释，以满足人才具有的一种普遍的精神消费——解释欲。英国当代著名哲学家、英国功勋勋章获得者艾赛亚·伯林爵士把人的解释欲称作："这是一种完全自然的人的欲望；是被一些最富想象力、最有智慧和才华的人所深深体验到的。"[1]

从人类的认识发生史看，早在懵懵懂懂的人类"童年"，就开始问天问地问自己的问题了。问来问去，追问出了懵懵懂懂的回答，那便是神话、宗教、星象占卜、原始自然科学等的解释。

后来，自然科学以其可重复实证的确切回答，不仅满足了人类对于物质世界的解释欲，还具有预测和实用的伟大功能。

然而，自然科学却无法满足人对精神世界和社会领域现象的解释。

1 麦基：《思想家——当代哲学的创造者们》，第7—8页，生活·读书·新知三联书店1992年版。

303

这两个领域的解释，一直由人文学科和社会学科来担当。由于其符号体系是日常语言，一直只能以得到"相对比较满意的解释"的标准来满足人类。美国哲学家理查德·罗蒂（Richard Rorty）就说过："所谓（人文学科的）真理，就是对于前人对其更前一辈的先前人的理论的解释的再解释的最高成果。"[1]

前面说过，政治学家没能预测柏林墙的倒塌，经济学家不能准确预警东南亚和美国的经济风暴，但是人类并不对人文科学和社会科学求全责备。只要在柏林墙倒塌，以及亚洲金融风暴发生后，人文学家社会学家能上电视、写文章，做出成千上万个能自圆其说的解释，使得大众满意，那也算是人文学科所特有的一个功德。

第二，振聋发聩地对社会时弊的批判，乃是人文学科的主功能。

当社会处于危机时期，人们已经感知到了严重的社会时弊的经验事实，某个敏感的人文学者，首先用日常语言，向处于危机中的大多数人大声疾呼，对时弊提出有理有据的批判。这时，人文理论就有着振聋发聩的对社会现状进行颠覆的伟大功能。这是自然科学所不能为的。文艺复兴时期的思想家、艺术家以人文主义对于积弊千年的神权的批判，法国18世纪的启蒙运动思想家对王权专制积弊的批判，中国"五四运动"对于数千年旧礼教和旧文化积弊的批判等，都是人文主功能的伟大体现。

在西方，从亚里士多德对其老师柏拉图说"吾爱吾师，吾更爱真理"开始，在那里就萌生了人文的批判传统，充分发育出了人文的主功能。因此，西方的人文史，学派林立，思想家辈出，对各个历史阶段社会

---

1 Richard Rorty: Consequences of pragmatism, The Harvester Press, 1982, p.92. China Fan Imbiss.

的演进起着"雄鸡一唱天下白"的号角作用，为社会的新价值体系进行"精神立法"。因此，西方把知识分子界定是具有独立人格并能进行独立批判的文人。

然而在中国，自汉独尊儒术以降，中国文人的主功能是"注经"：证明圣人的话如何正确，证明皇帝的旨意如何圣明。主流中国文人的最高理想是争当"帝师"、军师，一心帮着主子弄出个能够写进历史的什么安邦定国的"理论"来。历代中国人文学人，都被"注经"的这把刀，将人文批判的功能给阉割掉了。中国盛产在一个道统下的注经派名士，很难涌现振聋发聩颠覆社会时弊的思想家。"阳痿人文"成了中国特色。即使在现在已经消除了文字狱的台湾地区，那里的主流文人还是以当"国策顾问"为殊荣。从这个意义上说，春秋战国之后，中国就不再产生有独树一帜的思想家，只有擅长注经的"亚圣""亚亚圣"……

当然，在这里必须强调，人文的批判，是在大多数人已经感知到社会时弊丛生的经验事实之上的批判。50年前从孔子批到爱因斯坦的"大批判"，不但没有任何"社会时弊的经验事实"，恰恰相反，是刻意对人类积淀的精英文化的摧毁，是人文的恐怖主义。

总之，如果人文学科不想自杀或被他杀，只能在以上这两个功能，特别是社会时弊批判的主功能中复活。

几句大实话

　　罗素说过一番很有趣的话。他说：哲学家的中心思想其本质上都是非常简单明了的，之所以弄成晦涩的长篇大论，那是为了击退那些实在的或想象的反论，是架在城墙上的机枪大炮，用来吓唬任何潜在的论敌的。

　　我用了吓唬人的长篇大论所讨论的问题，其实也是极其简单明了的。人文的问题，既不是"水是由哪些元素构成的"那样的属于普遍经验论的可用实证解决的问题，也不是"如何证明三角形两边之和大于第三边"那样的由数学和逻辑解决的规范化问题。它面对的是人类的价值、意义等精神领域的问题，无法用实证解决。人文学科不能建立起没有歧义的人造语言，所以无法用规范的逻辑及数学解决问题。那么，所能用的办法，就是面对着既不是经验问题又不是逻辑问题的第三类精神问题，凭着自己在当代最前沿、最丰富的物质和精神的人生阅历，去自由联想，也就是去顿悟，然后，用当代人喜闻乐见的非逻辑论证文体把颖悟表达出来。其目标是：提供较前人在某个问题上的更满意的解释；或者提出对当代存在的时弊进行令众人心悦诚服的批判，以催化社会演进，如此而已。

　　请君别再相信哲学家或政治家会告知你可重复验证的"真理之上的普遍真理"。哲学理论、政治理论的主功能只可能是解释与批判。

请君别再相信经济学家有像天文学家告诉你何时发生日食那样确定无误的预测，他只能猜测。他的真正的"武功"是对已是经验事实的经济沉疴的解剖。

　　如果耶稣的复活是为了拯救人类，那么，人文的复活就是为了拯救自己。

P. MONDRIAAN